TRAINING DEUTSCH

Frank Gerstenberg

Rechtschreibung 5.–10. Klasse

STARK

ISBN 978-3-86668-691-5

Inhalt

Autor: Frank Gerstenberg

Vorwort

Liebe Schülerin, lieber Schüler,

die deutsche Sprache steckt voller Merkwürdigkeiten: Man kann ein Bild *malen* oder Mehl *mahlen*. Ein Richter kann jemanden *freisprechen*, ein guter Redner dagegen *frei sprechen*. Wo liegt der Unterschied?

Zahlreiche Regeln und sicher ebenso viele Ausnahmen pflastern den Weg der deutschen Rechtschreibung. Man kann sich nicht alles merken. Aber man kann, und dabei hilft dir dieses Buch, **Strategien entwickeln**. Eine Lernstrategie muss **einfach, klar und zuverlässig** sein.

Nach diesem Prinzip sind auch die Kapitel in diesem Buch aufgebaut. Jedes Rechtschreibproblem wird hier systematisch angegangen:

- Die **Rechtschreibregeln** sind in den Merkkästen jeweils ausführlich erklärt und mit **Beispielen** verdeutlicht.
- Zu jeder Regel gibt es zahlreiche **Übungsaufgaben**. Mit ihnen trainierst du die jeweilige Regel auf unterschiedliche, abwechslungsreiche Weise und wirst so immer sicherer.
- Dein Wissen kannst du schließlich mithilfe der **Tests** abfragen, in denen du mehrere Regeln gleichzeitig anwenden musst.
- Anhand der **Lösungen** kannst du überprüfen, ob du erfolgreich gearbeitet hast. Versuche, die Aufgaben zunächst selbstständig zu lösen, und vergleiche deine Ergebnisse erst dann mit der Musterlösung. So erkennst du, welche Regeln du schon beherrschst und welche du noch besser üben musst.
- Am Ende des Buches kannst du die verwendeten **Fachbegriffe** noch einmal nachschlagen.

„Übung macht den Meister" ist kein leerer Spruch. Häufiges Üben bringt dir Sicherheit. Du brauchst dabei nicht jedes Kapitel nacheinander zu bearbeiten, sondern kannst auch **gezielt an deinen Fehlerschwerpunkten arbeiten**.

Viel Spaß und Erfolg beim Üben wünscht dir

Frank Gerstenberg

Groß- und Kleinschreibung

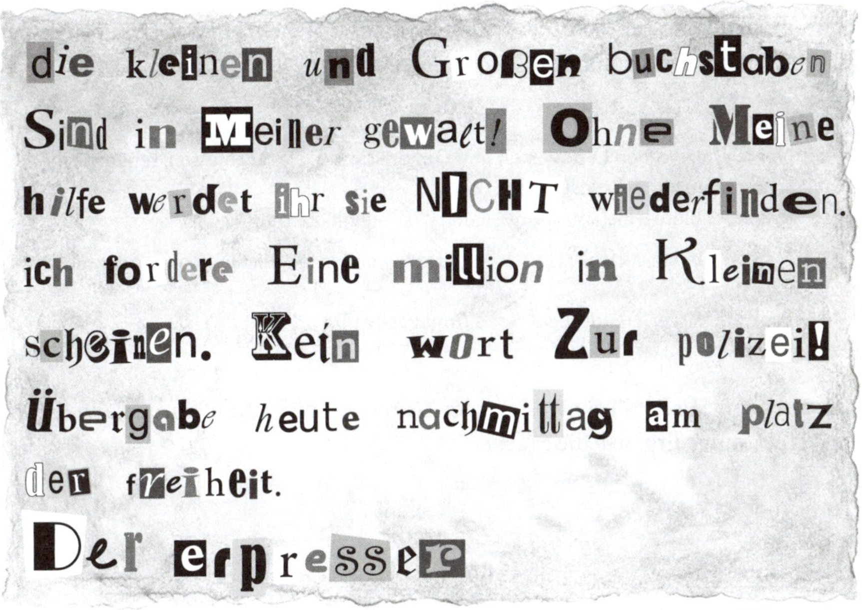

Der Erpresser war wohl in Eile. Kannst du seinen Erpresserbrief korrigieren? Diese einfachen **Regeln zur Groß- und Kleinschreibung** helfen dir:

- Nomen und als Nomen verwendete Wörter schreibt man groß.
- Wörter, die keine Nomen sind, schreibt man klein.
- Eigennamen schreibt man groß.
- Das erste Wort in einem Satz oder einer Überschrift schreibt man groß.

1 Nomen

Bestimme die Wortart, um zu wissen, ob du ein Wort groß- oder kleinschreibst. Die meisten Wörter werden kleingeschrieben. Nomen (Hauptwörter) werden allerdings immer großgeschrieben.

Nomen
- Nomen bezeichnen **Lebewesen** und **Gegenstände**, die du anfassen, sehen, riechen, schmecken, hören kannst.
  Beispiele: Blume, Elefant, Fußball, Lehrerin, Telefon, Zeitung
- Nomen können auch **abstrakte Begriffe** benennen, die du nur denken oder fühlen kannst.
  Beispiele: Ärger, Freude, Leid, Spaß, Traum, Urlaub

1 **Ideenstern.** Welche Lebewesen oder Gegenstände bringst du mit den Orten in Verbindung? Ergänze die Sterne.

a

b

2 **Mit allen Sinnen.** Nenne verschiedene Beispiele für Nomen, die du anfassen, sehen, hören, riechen oder schmecken kannst.

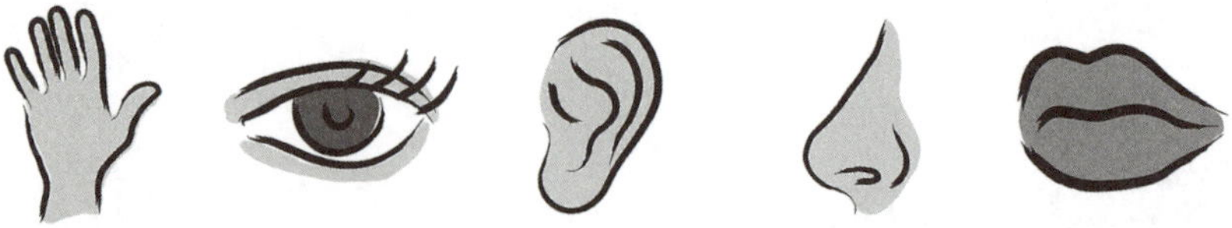

anfassen	sehen	hören	riechen	schmecken

3 **Buchstabensalat.** Bei diesen abstrakten Nomen sind die einzelnen Buchstaben durcheinandergeraten. Setze sie wieder richtig zusammen.

______________ ______________ ______________ ______________

4 **Verirrt.** Welche beiden Wörter sind keine Nomen? Streiche sie durch. Ordne die anderen Wörter richtig zu.

ANGST – BAUM – DUNKEL – HOFFNUNG – HUND – LIED – SPIELEN – WASSER

a Lebewesen: ______________________________

b Gegenstände: ______________________________

c Abstrakte Begriffe: ______________________________

Nomen können sich auch aus zwei oder mehreren Wörtern zusammensetzen.

Zusammengesetzte Nomen

Zusammengesetzte Wörter schreibst du groß, wenn das **Grundwort** (das letzte Wort) ein **Nomen** ist.

Beispiel: glatt + **E**is → **G**latteis *aber:* Eis + **g**latt → **e**isglatt

5 **Komposita.** Wie schreibt man diese zusammengesetzten Wörter: groß oder klein? Unterstreiche jeweils das Grundwort und schreibe die Wörter richtig.

a LEBENSFROH: ______________________________

b ÜBERMUT: ______________________________

c BLAULICHT: ______________________________

d GRASGRÜN: ______________________________

Wenn du dir nicht sicher bist, ob ein Wort ein Nomen ist, helfen dir bestimmte Erkennungszeichen. **Achte auf typische Wortendungen.**

Typische Nomenendungen

Hat ein Wort eine der folgenden Endungen, ist es ein Nomen und du schreibst es groß:
-heit, -ion, -keit, -ling, -nis, -schaft, -tum, -ung

Beispiele: Einheit, Million, Freundlichkeit, Prüfling, Wagnis, Gesellschaft, Herzogtum, Umgebung

6 **Fundbüro.** Die Wörter haben ihre Endungen verloren. Finde im Koffer die passenden Anhängsel.

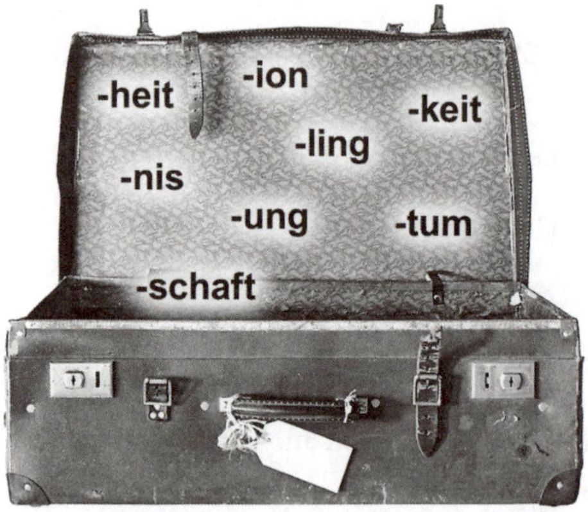

a Frech______

b Verständ______

c Wirt______

d Lehr______

e Bewunder______

f Lamp______

g Möglich______

h Wachs______

i Gemein______ *oder* Gemein______

j Eigen______ *oder* Eigen______ *oder* Eigen______

7 **Versteckt.** Im Gitterrätsel sind waagerecht und senkrecht acht Nomen versteckt. Finde und notiere sie. Du erkennst sie an den typischen Endungen.

G	R	A	F	S	C	H	A	F	T	X	R
U	Z	F	H	J	A	C	N	R	Y	R	E
Z	E	U	G	N	I	S	P	E	Z	O	I
E	I	N	S	A	M	K	E	I	T	H	C
Q	T	T	E	G	K	M	S	H	L	L	H
M	U	C	D	K	L	R	S	E	T	I	T
N	N	P	B	S	T	A	D	I	O	N	U
Y	G	I	R	N	O	P	X	T	N	G	M

______
______
______
______
______
______
______
______

8 **Nomen oder Adjektiv?** Martin hat sich im Geografie-Unterricht Notizen gemacht. Entscheide, ob die Wörter auf seinem Notizblock Nomen (Hauptwörter) oder Adjektive (Eigenschaftswörter) sind. Du erkennst sie an ihren typischen Endungen. Schreibe sie dann in der richtigen Schreibweise in die Tabelle.

Hinweis: Typische Adjektivendungen sind -bar, -haft, -ig, -isch, -lich, -los, -reich, -sam, -voll.

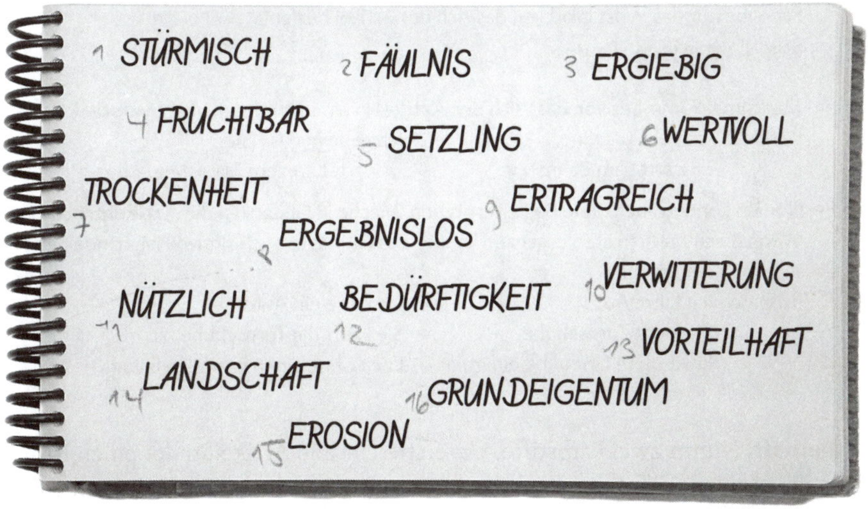

Nomen	Adjektive
2	1
5	3
7	4
10	6
12	8
14	9
15	11
16	13

Nicht jedes Nomen hat aber eine eindeutige Endung, an der du es erkennen kannst. **Achte deswegen noch auf andere Nomensignale.**

Artikel als Nomenbegleiter

- Ein Nomen wird oft von einem **Artikel** (Geschlechtswort) begleitet. Artikel sind deswegen typische Nomensignale.
  Beispiele: der Lehrer, die Angst, das Glück, ein Spiel, eine Blume
- Achtung: Zwischen Artikel und Nomen kann sich ein „**Störenfried**" drängeln. Schreibe nur das Wort groß, auf das sich der Artikel bezieht.
  Beispiel: die große **P**ause
- Manchmal kommt es vor, dass sich der **Artikel** in einem anderen Wort **versteckt**.
  Beispiele: Ich gehe ins Kino. → Ich gehe in das Kino.
  Er wartet am Bahnsteig. → Er wartet an dem Bahnsteig.
- Nomen können auch ohne Begleiter stehen. Mache in Gedanken die **Artikelprobe:** Wenn du einen Artikel so ergänzen kannst, dass der Satz noch sinnvoll ist, handelt es sich um ein Nomen.
  Beispiele: Ich fahre Auto. → Ich fahre ein Auto.
  Sie kauft Turnschuhe. → Sie kauft die Turnschuhe.
  Er ist ohne Grund beleidigt. → Er ist ohne einen Grund beleidigt.

9 **Fabelhaft.** Nimm zwei Farbstifte. Unterstreiche alle Artikel in der einen Farbe und die Nomen, auf die sie sich beziehen, in der anderen Farbe. Schreibe die Fabel dann in der richtigen Groß- und Kleinschreibung in dein Heft.

Hinweis: Pass auf eingeschobene Adjektive auf und vergiss nicht, dass Artikel auch in anderen Wörtern versteckt sein können.

DER RABE UND DER FUCHS

EIN RABE HATTE EINEN KÄSE GESTOHLEN. ER FLOG DAMIT AUF EINEN BAUM UND WOLLTE DORT DIE BEUTE VERZEHREN. DA DER RABE ABER BEIM ESSEN NICHT SCHWEIGEN KANN, HÖRTE DER VORBEIKOMMENDE FUCHS DEN RABEN ÜBER DEM KÄSESTÜCK KRÄCHZEN. ER LIEF EILIG HIN UND BEGANN, DEN RABEN ZU LOBEN: „WAS BIST DU FÜR EIN WUNDERBARER VOGEL. WENN DU SO SCHÖN SINGST, WIE DU AUSSIEHST, SOLLTE MAN DICH ZUM KÖNIG DER VÖGEL KRÖNEN!" DEM RABEN GEFIELEN DIE SCHMEICHELEIEN SO GUT, DASS ER DEN SCHNABEL WEIT AUFSPERRTE, UM DEM FUCHS ETWAS VORZUSINGEN. DABEI FIEL IHM DER KÄSE HERUNTER. DER FUCHS HOB IHN SCHNELL AUF UND LACHTE ÜBER DEN DUMMEN RABEN.

10 **Artikelprobe.** In den folgenden Sätzen stehen die Nomen ohne Begleiter. Wo kannst du Artikel einfügen? Schreibe die Sätze mit den Artikeln auf.

a KATZEN ESSEN GERN THUNFISCH.

b AUF JAHRMÄRKTEN HERRSCHT IMMER BUNTES TREIBEN.

c BADEN AN WILDEN STRÄNDEN ERFOLGT AUF EIGENE GEFAHR.

11 **Störenfriede.** Zwischen Artikel und Nomen haben sich andere Wörter gedrängt. Streiche nach den Artikeln jeweils alle Wörter durch, auf die man verzichten könnte. So findest du heraus, welches Wort das Nomen ist, auf das sich der Artikel bezieht.
Schreibe den verkürzten Text dann in der richtigen Groß- und Kleinschreibung darunter.

An einem überaus heißen sommertag beenden die schweißgebadeten lehrer den quälenden unterricht eine ganze stunde eher und entlassen die darüber lauthals jubelnden schüler in das wohlverdiente wochenende. Die überwiegende mehrheit der freudestrahlenden schüler macht sich sofort auf den nicht allzu langen weg in die nahe gelegene eisdiele, um sich dort mit einem erfrischenden eis abzukühlen.

Außer den Artikeln gibt es noch weitere Wörter, die Nomen begleiten können.

Weitere Nomenbegleiter

Bestimmte Pronomen sind ebenfalls typische Nomensignale:

- **Demonstrativpronomen** (hinweisende Fürwörter)
  Beispiele: dieses Haus, jener Sommertag
- **Possessivpronomen** (besitzanzeigende Fürwörter)
  Beispiele: meine Sonnenbrille, sein Handy, unser Klassenzimmer
- **Indefinitpronomen** (unbestimmte Fürwörter)
  Beispiele: alle Freunde, kein Papier, jedes Kind, wenig Platz, viele Sorgen, etwas Geld

12 **Lücken füllen.** Setze alle Pronomen aus dem Kasten sinnvoll in die Lücken ein und unterstreiche jeweils den Anfangsbuchstaben des Folgewortes.

alle – dieses – etwas – jedes – jenem – kein – manche – seine – seiner – viel – wenig

a ___________ Rätsel ist ganz einfach, das kann doch ___________ Kind lösen.

b Nelly hat an ___________ Tag ___________ Lob bekommen.

c Ben ist unsicher, er hat ___________ Vertrauen in ___________ Fähigkeiten.

d Hier ist ___________ Geduld gefragt, ___________ Dinge kann man nicht erzwingen.

e Felix hat ___________ Freunde verärgert, ___________ Mensch ist mehr auf ___________ Seite.

13 **Auf dem Wochenmarkt.** Unterstreiche im folgenden Text die Nomen mit einem Farbstift und die dazugehörigen Begleiter in einer anderen Farbe.

Jeden Samstag ist auf dem Rathausplatz ein großer Wochenmarkt. Die Besucher finden dort viele Köstlichkeiten. An den Obst- und Gemüseständen bieten die Marktfrauen ihre Ware an. Vom Apfel bis zur Zwiebel bekommt man hier alles ganz frisch. Eine freundliche Blumenhändlerin, die ihren Stand genau neben dem Eingang zum historischen Rathaus hat, schenkt jeder Braut nach der standesamtlichen Trauung eine Rose und gibt dem Ehemann noch einige Worte mit auf den Weg: „Eine schöne Blume blüht nur dann lange, wenn man sie gut pflegt.“

2 Nominalisierung von Wörtern

Adjektive (Eigenschaftswörter) und Verben (Tätigkeitswörter) schreibst du normalerweise klein. Du kannst sie aber auch **wie Nomen verwenden**. Dann musst du sie großschreiben. Man spricht in diesem Fall von **Nominalisierung**.

Nominalisierung von Adjektiven und Verben

Du erkennst eine Nominalisierung in der Regel an den **Begleitwörtern**, die für Nomen typisch sind.

- Wird einem Adjektiv oder Verb ein **Artikel** vorangestellt, kann es zu einem Nomen werden.
  Beispiele: Die **g**ute Fee besiegt den **b**ösen Zauberer.
  Im Märchen siegt immer das **G**ute über das **B**öse.
  Seine Großeltern **s**chenken ihm ein Fahrrad.
  Das **S**chenken bereitet ihnen viel Freude.
- **Demonstrativpronomen** sorgen für Nominalisierungen.
  Beispiele: dieses Blau, jenes Räuspern
- **Possessivpronomen** weisen auf Nominalisierungen hin.
  Beispiele: unser Bester, dein Lachen
- **Indefinitpronomen** lassen Adjektive und Verben zu Nomen werden.
  Beispiele: alles Gute, einiges Üben, etwas Neues, manches Leiden, nichts Besonderes, jedes Klopfen, viel Schönes, kein Bitten

14 **Verb oder Nominalisierung?** Setze in die Lücken entweder das Verb oder seine nominalisierte Form ein.

a *essen:* Jetzt muss ich erst mit meinen Eltern zu Mittag ________________.

Aber nach dem ________________ komme ich gerne bei dir vorbei.

b *jammern:* Hör auf zu ________________, dein ________________ geht mir ziemlich auf die Nerven.

c *kochen*: Wer übernimmt heute das ________________? Soll ich am Abend ________________?

d *lachen*: Dein ________________ ist richtig ansteckend. So laut konnte ich schon lange nicht mehr ________________.

15 **Adjektiv oder Nominalisierung?** Setze in die Lücken entweder das Adjektiv oder seine nominalisierte Form ein.

a *neu:* Wir haben einen ________________ Deutschlehrer, ansonsten gibt es wenig ________________ zu berichten.

b *lustig:* In dem Film gibt es eine ________________ Szene. Ansonsten passiert nicht viel ________________.

c *warm:* Nach dem Skifahren braucht man etwas ________________. Ich freue mich daher schon auf einen ________________ Kakao.

d *gut:* Ich wünsche mir eine ________________ Note. Aber der Blick meiner Mathelehrerin verheißt nichts ________________.

Nominalisierungen können aber auch ohne Begleiter stehen.

Begleiterprobe
Wenn der **Begleiter fehlt** und du unsicher bist, ob eine Nominalisierung vorliegt, kannst du die Begleiterprobe machen: Stelle dem Wort probeweise ein passendes Begleitwort voran.
Beispiel: Lisa macht *singen/Singen* (?) großen Spaß.
→ Lisa macht das **S**ingen großen Spaß.

16 **Ohne Begleiter.** Prüfe, ob du einen Begleiter setzen kannst. Unterstreiche dann die richtige Schreibweise.

a Ich finde, *lesen / Lesen* ist spannend.

b Es macht Spaß, mit dir zu *spielen / Spielen*.

c Ihr Lieblingssport ist *schwimmen / Schwimmen*.

d Willst du mit mir *tanzen / Tanzen*?

e Du solltest *wichtiges / Wichtiges* besser gleich erledigen.

f Langes *gehen / Gehen* strengt ihn an.

Präpositionen (Verhältniswörter) weisen auch auf Nominalisierungen hin. Oft verschmelzen sie mit einem Artikel.

Nominalisierung mit Präposition und verstecktem Artikel

Einige Artikel verstecken sich gern in Präpositionen. Achte auf sie, denn sie weisen oft auf Nominalisierungen hin.

Beispiele: beim Spielen, im Großen und Ganzen, fürs Helfen, ins Lächerliche

17 **Versteckte Artikel.** Nominalisiere die vorgegebenen Adjektive und Verben. Dazu benötigst du jeweils eine Präposition aus dem Kasten.

Hinweis: Die Adjektive müssen ein wenig verändert werden.

ans (an das) – beim (bei dem) – fürs (für das) – im (in dem) – ins (in das) – vom (von dem) – zum (zu dem) – zur (zu der)

a Ziegelsteine braucht man ______________ von Häusern. *(bauen)*

b Markus hat sich ______________ den Fuß verstaucht. *(joggen)*

c Regine hat ______________ einen Sonnenbrand bekommen. *(baden)*

d Komm herein ______________ und wärme dich auf. *(trocken)*

e Mein fauler Bruder ist ______________ nicht geschaffen. *(arbeiten)*

f Wenn ich ______________ denke, bekomme ich Durst. *(trinken)*

g Unsere Pläne hängen ______________ vom Wetter ab. *(wesentlich)*

h Neele wurde auf dem Kostümfest ______________ gewählt. *(witzig)*

18 **Schulfest.** Nimm zwei Farbstifte. Unterstreiche im folgenden Text alle Nominalisierungen in der einen Farbe und ihre Begleiter in der anderen.

Das Schulfest soll dieses Jahr etwas ganz Besonderes werden. Maja und ihre Klasse kümmern sich um die Verpflegung. Sie überlegen, was sie zubereiten könnten. Am Nachmittag wollen sie etwas Süßes und am Abend etwas Herzhaftes zum Essen anbieten. Der Lehrer schickt Maja und Timo zum Einkaufen, um alles Notwendige zu besorgen. Damit sie nichts Wichtiges vergessen, haben sie einen Zettel mitgenommen. Beim Zubereiten der Speisen hilft dann die ganze Klasse mit. Die Jungen übernehmen das Belegen der Wurst- und Käsebrötchen und die Mädchen sind fürs Backen der Kuchen zuständig. Wenn alles fertig ist, kann mit dem Feiern begonnen werden.

Aus den Steigerungsformen der Adjektive können ebenfalls Nomen werden. Hier musst du aber gut aufpassen.

Steigerungsformen der Adjektive

- Die Steigerungsformen von Adjektiven (**Komparativ, Superlativ**) werden **großgeschrieben**, wenn sie nominalisiert sind.
  Beispiele: Simon ist der **S**chnellere von uns beiden.
  Maria ist die **B**este in der Klasse.
- Aber: Wenn sich das Adjektiv **auf ein** vorhergehendes oder nachstehendes **Nomen bezieht**, schreibst du es **klein**.
  Beispiele: Von den *Zwillingen* ist er der **s**chnellere.
  Maria ist die **b**este *Schülerin*.
- Aber: Nach dem Wörtchen „**am**" schreibst du den **Superlativ klein**. In diesem Fall lässt sich „am" auch nicht zu „an dem" auflösen.
  Beispiele: Maria ist am **b**esten.
  Simon läuft am **s**chnellsten.

19 **Steigerung.** Bilde von den Adjektiven die Superlative und entscheide, ob du sie groß oder klein in die Lücken schreiben musst.

a *schön*:

- Jasmins Kleid ist das ____________________ auf dem Abschlussball.
- In dem Kleid ist Jasmin an diesem Abend die ____________________.
- Ihr Kleid ist mit Abstand am ____________________.

b *schwierig*:

- Zahlenrätsel finde ich am ____________________.
- Dieses Rätsel ist das ____________________.
- Das ____________________ dabei ist, ruhig und konzentriert zu bleiben.

c *weit*:

- Robert springt in seiner Klasse am ____________________.
- Das ____________________, das er je gesprungen ist, sind 5,19 m.
- Heute waren 5,05 m sein ____________________ Sprung.

Normalerweise sind Farbwörter Adjektive, die du kleinschreibst. Sie können manchmal aber auch als Nomen gebraucht werden, dann schreibst du sie groß.

Farbwörter

Ob ein Farbwort als Adjektiv oder als Nomen gebraucht wird, kannst du **erfragen:**

- Wenn man nach dem Farbwort mit „**Wie …?**" fragt, handelt es sich um ein **Adjektiv**. Dann schreibt man es **klein**.
  Beispiele: Sein Schulranzen ist **r**ot. → Wie ist sein Schulranzen?
  Tinas Augen sind **g**rün. → Wie sind Tinas Augen?
- Wenn man nach dem Farbwort mit „**Was …?**" fragt, handelt es sich um ein **Nomen**. Dann schreibt man es **groß**.
  Beispiele: Ihre Lieblingsfarbe ist **R**ot. → Was ist ihre Lieblingsfarbe?
  Ihm gefällt **G**rün besser. → Was gefällt ihm besser?

20 **Bunt gemischt.** Schreibt man die Farbwörter groß oder klein? Stelle die richtige Frage und streiche die falsche Schreibweise durch.

a Auf die meisten Menschen wirkt *grün / Grün* beruhigend.

→ *Frage:* ____________________

b Der Lehrer unterstreicht unsere Fehler *rot / Rot*.

→ *Frage:* ____________________

c Deine Augen leuchten, ein solches *blau / Blau* sieht man selten.

→ *Frage:* ____________________

d Ich finde, *gelb / Gelb* steht dir nicht, es macht dich blass.

→ *Frage:* ____________________

e Meine Schwester färbt sich ihre Haare *schwarz / Schwarz*.

→ *Frage:* ____________________

f Diese Saison ist *lila / Lila* wieder Modefarbe.

→ *Frage:* ____________________

g Das neue Auto unseres Fußballtrainers ist *silber / Silber*.

→ *Frage:* ____________________

Umgekehrt können auch bestimmte Nomen als Adjektive verwendet werden.

Nomen werden zu Adjektiven

- Werden Wörter wie *Schuld, Wert, Recht, Pleite, Leid* als **Nomen** verwendet, schreibst du sie **groß**. Du erkennst sie in der Regel an den **typischen Begleitwörtern**.
  Beispiele: Dich trifft keine **S**chuld.
  Wir stehen vor der **P**leite.
  Er klagt mir sein ganzes **L**eid.
- Wenn Wörter wie *schuld, wert, recht, pleite, leid* auf das Verb **sein** folgen, dann werden sie als **Adjektive** verwendet und **kleingeschrieben**.
  Beispiele: Daran bist du nicht **s**chuld.
  Unsere Firma ist **p**leite.
  Ich bin es langsam **l**eid, ihm zuzuhören.

21 **Adjektiv oder Nomen?** Entscheide und streiche in jedem Satz die falsche Schreibweise durch.

a Du hast kein *recht / Recht*, so mit mir zu sprechen.

b Der Vertrag ist das Papier nicht *wert / Wert*, auf dem er geschrieben steht.

c Wenn wir uns noch eine *pleite / Pleite* erlauben, steigt die Mannschaft ab.

d Seine kranke Mutter erträgt ihr *leid / Leid* sehr tapfer.

e Es ist nicht deine *schuld / Schuld*, dass wir verloren haben.

f Der Angeklagte hat das *recht / Recht* zu schweigen.

g Das Handy war sehr teuer, aber heute ist es fast nichts mehr *wert / Wert.*

h Das Unternehmen ist *pleite / Pleite*, es schreibt schon lange rote Zahlen.

i Der Lehrer ist es *leid / Leid*, seine Schüler immer wieder zu ermahnen.

j Der LKW-Fahrer ist *schuld / Schuld* an dem Auffahrunfall.

k Meinen Eltern ist es nicht *recht / Recht*, dass ich auf die Party gehe.

l Das Grundstück ist in bester Lage, es hat einen hohen *wert / Wert.*

m Dem überschuldeten Staat droht die *pleite / Pleite.*

n Pass auf deine kleine Schwester auf, damit ihr kein *leid / Leid* zustößt.

o Das schöne Wetter ist *schuld / Schuld* daran, dass ich nicht lernen konnte.

Nomen können auch als Präpositionen verwendet werden.

Nomen werden zu Präpositionen

- Wenn die Wörter *Dank, Kraft, Wille(n)* und *Zeit* als **Nomen** gebraucht werden, schreibt man sie **groß**.
  Beispiele: Vielen **D**ank für die Blumen,
  der **W**ille(n) zu überleben
- Die Wörter *Dank, Kraft, Wille(n)* und *Zeit* gibt es aber auch als **Präpositionen**. Dann schreibt man sie **klein**. Dass es Präpositionen sind, erkennst du sehr leicht, weil sie immer mit einem Nomen im Genitiv verknüpft sind.
  Beispiele: Ich verurteile Sie **k**raft des Gesetzes zu zwei Jahren Haft auf Bewährung.
  Sie hoffte **z**eit ihres Lebens auf einen Lottogewinn.

22 **Präposition oder Nomen?** Streiche jeweils die falsche Schreibweise durch.

a Es gelang uns nur *dank / Dank* Ihrer Hilfe, dieses Problem zu lösen.

b Viel *zeit / Zeit* verging, bis die Feuerwehr eintraf.

c Um des lieben Friedens *willen / Willen* gab Fritz im Streit mit seinem Bruder nach.

d Hiermit erkläre ich Sie *kraft / Kraft* meines Amtes zu Mann und Frau.

e Zum *dank / Dank* überreichte die Direktorin Herrn Wieland einen großen Blumenstrauß.

f Du kannst nicht *zeit / Zeit* deines Lebens darauf vertrauen, dass dir deine Eltern bei allem helfen!

g Immer muss Bella ihren *willen / Willen* durchsetzen!

h Mit allerletzter *kraft / Kraft* robbte der Schwimmer noch ans rettende Ufer.

i Ich schulde dir *dank / Dank.*

j Zur *zeit / Zeit* unseres Großvaters stand das Klo noch draußen im Hof.

k Hat die Mannschaft jetzt noch den *willen / Willen,* das Spiel zu drehen?

l Es gelingt Herrn Schieber *kraft / Kraft* seiner Statur, die schweren Kisten alleine hochzutragen.

3 Satzanfänge, Überschriften und Eigennamen

Außer zu den Nomen und Nominalisierungen gibt es noch **weitere Regeln zur Großschreibung**. Diese Regeln gelten für alle Wörter unabhängig von ihrer Wortart, also auch für die Wörter, die du normalerweise kleinschreibst.

Satzanfänge, Überschriften und Eigennamen

- Das **erste Wort in einem Satz** schreibst du immer groß. Folgt **nach einem Doppelpunkt** ein vollständiger Satz, schreibst du auch hier das erste Wort groß.
  Beispiele: **F**ür viele Schüler sind Freunde sehr wichtig.
  Ohne sie ist es langweilig!
  Was machst du am liebsten mit deinen Freunden?
  Ein Sprichwort lautet**: D**er Apfel fällt nicht weit vom Stamm.
- Das **erste Wort in einer Überschrift** schreibst du immer groß.
  Beispiele: **N**eues Stadion für Fußballklub
  Das tapfere Schneiderlein
- **Eigennamen** von Städten, Ländern, Flüssen, Sehenswürdigkeiten und Landschaften, aber auch Vor- und Nachnamen schreibst du immer groß.
  Beispiele: **P**aris, **D**eutschland, **I**sar, **B**ig **B**en, **G**roßer **A**rber, **M**eike, **S**chulz

23 **Märchenwald.** Die Überschriften der Märchen sind durcheinandergeraten. Ordne sie und achte auf die richtige Groß- und Kleinschreibung.

a
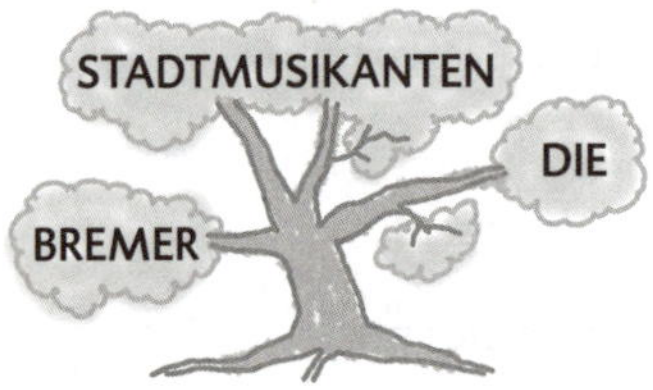

____

b
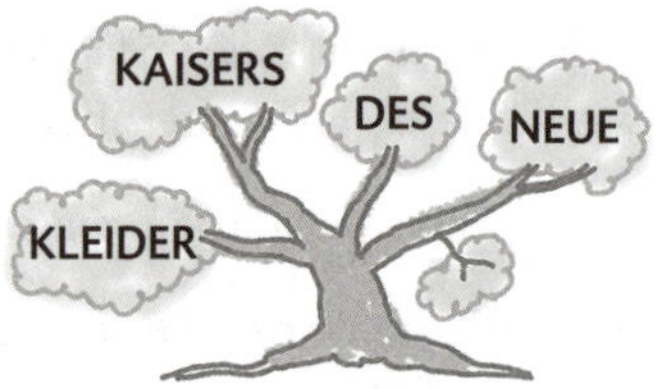

____

c
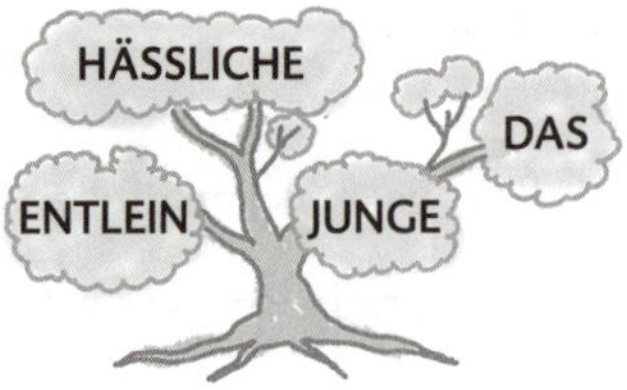

____

d
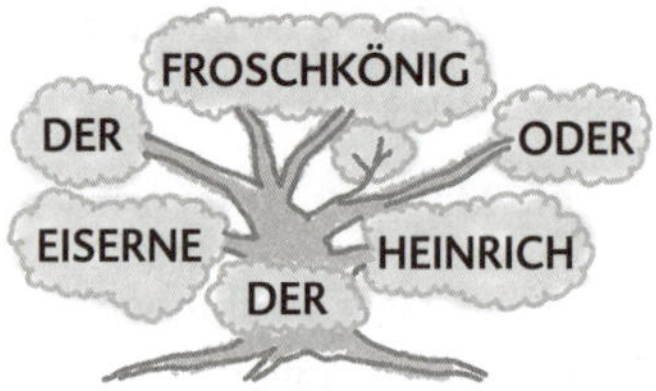

____

24 **Verabredung per SMS.** Es musste mal wieder schnell gehen, deshalb hat Leonie in ihrer SMS an Tim die Großschreibung nicht beachtet. Schreibe die SMS noch einmal in der richtigen Groß- und Kleinschreibung.

25 **Schlussredaktion.** In der vorliegenden Zeitungsmeldung ist sich der Redakteur nicht sicher, wann er Wörter großschreiben muss. Hilf ihm und markiere alle Wörter, die großgeschrieben werden müssen.

bulle stört mittagsschlaf

preetz. durch lautes scherbenklirren wurden hildegard und werner müller, ein älteres ehepaar aus preetz, gestern aus dem mittagsschlaf geschreckt. ein junger bulle stand schnaubend mitten im schlafzimmer. er war über die terrasse durch die tür gestürmt, nachdem ihn auf der benachbarten weide eine wespe gestochen hatte. durch den wespenstich war er so wild geworden, dass er den elektrozaun durchbrach und geradewegs auf das haus der familie müller zusteuerte. sein besitzer, alfred schmitz aus ludwigsburg, traf kurze zeit später im haus der müllers ein. widerstandslos ließ sich der bulle wieder auf seine weide zurückbringen. das ehepaar müller kam mit einem leichten schrecken davon.

4 Anredepronomen

Personalpronomen (persönliche Fürwörter) und Possessivpronomen (besitzanzeigende Fürwörter) wie beispielsweise *ich, du, er, wir, mein, dein, sein, unser* schreibst du in der Regel klein. Benutzt man sie jedoch als **Anredepronomen** zur Anrede einer anderen Person, musst du einige **Besonderheiten** beachten. Unterscheide zunächst, ob du eine Person **duzt** oder ob du sie **siezt**.

Anredepronomen

- Beim **Siezen** (höfliche Anrede) schreibst du die Pronomen *(Sie, Ihnen, Ihr …)* **immer groß**.
  Beispiele: Wir danken Ihnen, dass Sie es uns ermöglichen, an Ihrem Fest teilzunehmen.
- Beim **Duzen** darfst du die Anredepronomen *(du/Du, dir/Dir, dein/Dein, ihr/Ihr, euch/Euch, euer/Euer …)* sowohl **groß-** als auch **kleinschreiben**. Wichtig ist, dass du dich für eine Schreibweise entscheidest und innerhalb eines Textes **nicht wechselst**.
  Beispiele: Danke, dass du mir dein Fahrrad geliehen hast.
  Wenn Du magst, komme ich Dich nächstes Wochenende besuchen.
  Ich hoffe, ihr hattet einen schönen Urlaub und habt euch gut erholt.
  Wir wünschen Euch zu Eurer Hochzeit alles Gute!

26 **Gute Besserung.** Setze in die Postkarte die fehlenden Pronomen ein. Wähle entweder die Groß- oder die Kleinschreibung.

Hallo Kati!
Ich sende ________ viele liebe Grüße von der schönen Nordsee! Sorry, dass ich es vorm Urlaub nicht mehr zu ________ ins Krankenhaus geschafft habe und ________ nicht mehr besuchen konnte. Ich hoffe, dass ________ gebrochenes Bein schnell wieder heilt und ______ mit __________ Eltern auch noch wegfahren kannst. Wolltet ________ nicht nach Italien? Steht __________ Urlaubsplan noch? Ich drücke ________ die Daumen, dass es mit __________ Reise doch noch klappt. Gute Besserung und schöne Ferien!
__________ Angela

An
Katrin Berger
Rosenweg 19
88934 Petershausen

27 Happy Birthday. Setze die fehlenden Pronomen in die Glückwunschkarte von Julias Großeltern ein. Entscheide dich für eine einheitliche Schreibweise.

Liebe Julia,

wir gratulieren ______ zu ________

13. Geburtstag und wünschen ______

für das neue Lebensjahr viel Mut,

Kraft und Zuversicht für alles, was

______ ______ vorgenommen hast.

Wir sind stolz auf ________ und

finden, dass ______ ein wunderbarer Mensch bist.

________ Großeltern

Anne und Hans

28 Reklamation. Auch bei E-Mails ist es wichtig, die Rechtschreibregeln zu beachten. Setze die höflichen Anredepronomen in der korrekten Schreibweise in die Lücken ein.

Nachricht Einfügen Optionen Text formatieren

An... info@online-shop.de

Cc...

Senden

Betreff: Reklamation Rechnungsnummer 32510

Sehr geehrte Damen und Herren,
letzte Woche habe ich bei ________ in ________ Online-Shop eine Jeans im Wert von 49,95 Euro bestellt. Laut ________ im Internet veröffentlichten Lieferbedingungen verschicken ________ die Ware ab einem Einkaufswert von 30 Euro portofrei.
________ Rechnung (Nr. 32510) weist aber Portogebühren in Höhe von 7,90 Euro auf.
Ich fordere ________ daher auf, ________ Rechnung zu berichtigen. Vielen Dank!
Mit besten Grüßen
Daniel Steiger

29 **Bewerbung.** Ergänze die Pronomen für die Höflichkeitsanrede. Beachte: Es gibt nur eine mögliche Schreibweise.

Magdalena Schönhofer
Hasenweg 22
10214 Neustadt

Goldschmiede Faller
Hauptstr. 23
10217 Neustadt

Bewerbung um einen Ausbildungsplatz in __________ Unternehmen

Sehr geehrter Herr Faller,

wie __________ mir telefonisch mitgeteilt haben, bilden __________ auch im nächsten Jahr in __________ Betrieb wieder aus. Hiermit bewerbe ich mich bei __________ um einen Ausbildungsplatz als Goldschmiedin.

Im November vorigen Jahres habe ich in __________ Betrieb bereits ein Praktikum absolviert, das meinen Berufswunsch bestätigt hat. Dabei durfte ich __________ unter anderem bei kleineren Reparaturen behilflich sein. Die Arbeit bei __________ fand ich sehr interessant und auch __________ Betriebsklima hat mir gut gefallen. In __________ Bewertung, die ich der Bewerbung beilege, haben __________ mir eine sehr gute Eignung für den Beruf bescheinigt.

Derzeit besuche ich die Heinrich-Heine-Schule in Neustadt, die ich im Sommer mit der Mittleren Reife verlassen werde. Mein Lieblingsfach Kunst und das Wahlfach Werken geben mir sicher eine gute Grundlage für die Ausbildung bei __________.

Ich bedanke mich für __________ Interesse und freue mich über eine Einladung zu einem Vorstellungsgespräch in __________ Haus.

Mit freundlichem Gruß

Magdalena Schönhofer

5 Zeitangaben, Ortsbezeichnungen und Zahlen

Auch bei Zeitangaben, Ortsbezeichnungen und Zahlen musst du prüfen, ob die Wörter als Nomen verwendet werden. Die typischen Nomensignale helfen dir dabei.

Tageszeiten und Wochentage

- Tageszeiten und Wochentage werden **großgeschrieben**, wenn sie als **Nomen** gebraucht werden. Achte auf die (versteckten) **Begleiter**.
  Beispiele: der **S**onntag, am **M**ittwoch, jeden **F**reitag
  der **M**orgen, diesen **V**ormittag, jeden **A**bend
  der **D**ienstagnachmittag, am **S**amstagabend
- Bezeichnungen für Tageszeiten und Wochentage werden **kleingeschrieben**, wenn sie als **Adverbien** (Umstandswörter) verwendet werden. Du erkennst sie häufig am **angehängten -s**.
  Beispiele: heute, gestern, vorgestern, morgen, übermorgen
  sonntag**s**, montag**s**, dienstag**s**
  morgen**s**, mittag**s**, abend**s**
  dienstagnachmittag**s**, dienstag**s** nachmittags
- Folgt auf Adverbien wie *heute, morgen* und *gestern* eine **Tageszeit**, wird diese **großgeschrieben**.
  Beispiele: heute **M**orgen, morgen **A**bend, gestern **N**achmittag, vorgestern **N**acht

30 **Morgenstunde.** Wann schreibt man „morgen“ und wann „Morgen“? Unterstreiche in folgenden Sätzen jeweils die richtige Schreibweise.

Hinweis: Ist die Tageszeit gemeint, schreibst du das Wort groß. Ist der nächste Tag gemeint, schreibst du es klein.

a Heute *morgen / Morgen* bin ich schon vor dem Wecker aufgewacht.

b Peter ist ganz nervös, denn *morgen / Morgen* schreibt er eine Klassenarbeit.

c Alicia isst jeden *morgen / Morgen* Müsli zum Frühstück.

d Was du heute kannst besorgen, das verschiebe nicht auf *morgen / Morgen.*

e Kemal mag das frühe Aufstehen am *morgen / Morgen* nicht.

f Ich muss für *morgen / Morgen* noch meine Hausaufgaben machen.

g Rainers Flieger landet *morgen / Morgen* am frühen *morgen / Morgen.*

31 **Tagesablauf.** Wähle die passenden Tageszeiten aus dem Kasten aus und setze sie in der richtigen Schreibweise in die Lücken ein.

MORGEN – MORGEN – MORGENS – VORMITTAG – MITTAGS – NACHMITTAG – ABEND – ABENDS – NACHT – NACHTS

Es fällt mir schwer, ______________ aus den Federn zu kommen, weil ich am ______________ ungern früh ins Bett gehe und oft noch bis spät in die ______________ hinein lese. Am ______________ fällt dann schon manchmal mein Frühstück aus, damit ich den Bus zur Schule noch rechtzeitig erwische. Am ______________ kaufe ich mir in der Pause dann meistens ein Käsebrötchen und ______________ esse ich immer in der Schulkantine. Den ______________ verbringe ich in der Hausaufgabenbetreuung und danach bin ich häufig noch beim Sport, sodass ich erst ______________ nach Hause komme und natürlich noch nicht gleich ins Bett gehen möchte. Deshalb bekomme ich ______________ wieder zu wenig Schlaf und am nächsten ______________ geht das gleiche Spiel von vorn los.

32 **TV-Programm.** Nimm eine Fernsehzeitschrift zur Hand. Schreibe mindestens fünf Programmhinweise auf, in denen du Wochentage und Tageszeiten nennst.

Beispiele:

Das Erste zeigt morgen Nachmittag den Dokumentarfilm „Erlebnis Erde“.
Bei SAT 1 läuft am Samstagabend der Spielfilm „Fluch der Karibik“.
Am Morgen strahlt das ZDF montags bis freitags das „Morgenmagazin“ aus.

- ____
- ____
- ____
- ____
- ____

33 **Freizeitstress.** Vervollständige das Telefongespräch. Achte auf die richtige Groß- und Kleinschreibung der Tageszeiten und Wochentage.

- ⊙ Hallo Anna! Hier ist Florina. Was machst du ______________ *(HEUTE)*? Hast du Zeit, dass wir uns am ______________ *(NACHMITTAG)* treffen?
- ● Hi Florina, ______________________ *(HEUTE NACHMITTAG)* muss ich dringend lernen, aber am ________________ *(ABEND)* habe ich Zeit.
- ⊙ Schade, _____________ *(MONTAGS)* kann ich nur ________________ *(NACHMITTAGS)*, ______________ *(ABENDS)* habe ich immer Training. Wie wäre es mit ______________________ *(MORGEN NACHMITTAG)*?
- ● Der _______________________ *(DIENSTAGNACHMITTAG)* ist immer total voll: Ich bin von ______________ *(MITTAGS)* bis ______________ *(ABENDS)* unterwegs: erst Klavier, dann Nachhilfe und danach Ballett.
- ⊙ Wie sieht's bei dir diesen _________________ *(MITTWOCH)* aus?
- ● Prima, __________________________ *(MITTWOCHNACHMITTAGS)* ist immer gut. Dann bis ____________________ *(ÜBERMORGEN)*!

Bei Ortsbezeichnungen gibt es ein paar Regeln, die du beachten musst.

Ortsbezeichnungen

- Wörter auf ***-er***, die von Ortsbezeichnungen abgeleitet sind, schreibt man **groß**.
  Beispiele: das **F**rankfurter Waldstadion, köstlicher **S**chweizer Käse
- Von Ortsbezeichnungen abgeleitete Adjektive auf ***-isch*** schreibt man **klein**.
  Beispiele: berühmte **r**ömische Feldherren, die **b**randenburgische Bauordnung
- Wenn die von Ortsbezeichnungen abgeleiteten Adjektive auf *-isch* Bestandteile von **Eigennamen** sind, schreibt man sie allerdings **groß**.
  Beispiele: der **B**ayerische Wald, der **I**ndische Ozean

34 **Schöne Welt.** Verbinde die zusammengehörigen Begriffe und schreibe sie in die leeren Zeilen. Achte auf die Groß- und Kleinschreibung.

Schweden	Schokolade
Bayern	Möbelhaus IKEA
China	Dom
Schweiz	Bier
Köln	Mauer

das schwedische Möbelhaus IKEA, ______________________

____

____

Wien	Alb
Amerika	Rostbratwurst
Thüringen	Kaffeehaus
Afrika	Dschungel
Schwaben	Präsident

____

____

____

Zur Schreibweise von Zahlen sind folgende Regeln zu beachten:

Zahlen

- Zahlen **unter einer Million** schreibt man **klein** und **zusammen**. Zahlen **über einer Million** schreibst du **groß** und **getrennt**.
  Beispiele: Mit achtzehn ist man volljährig.
  Er fuhr über hundertdreißig.
  Sie hat siebzehn Millionen im Lotto gewonnen.
- Bruchzahlen und Ordnungszahlen werden **kleingeschrieben**, wenn sie direkt **vor einem Nomen** stehen.
  Beispiele: Für den Kuchen brauchst du ein **v**iertel Kilogramm Mehl.
  Sie belegte beim Skirennen den **d**ritten Platz.
- Wenn Zahlwörter **wie Nomen verwendet** werden, werden sie **großgeschrieben**. Achte wieder auf mögliche **Begleiter**.
  Beispiele: Seine Glückszahl war die **Z**wölf.
  Jeder **Z**weite war damit einverstanden.
  Er bekommt ein **V**iertel des Erbes.

35 **Eins, zwei, drei.** Schreibe als Zahlwörter in der richtigen Groß- und Kleinschreibung.

a Der kleine Jakob kann schon bis ______ (100) zählen.

b Mein Großvater geht auf die ______ (80) zu.

c Die Firma verlor ein ______ ($\frac{1}{5}$) des Umsatzes.

d Mike hat in der Deutschprüfung eine ______ (1) geschrieben.

e Jeder ______ (7.) Schüler in unserer Klasse hat ein Mofa.

f Anja kam erst nach ______ (12) nach Hause.

g Um zu gewinnen, muss er eine ______ (6) würfeln.

h Sie wurde ______ (3.) im Mathematikwettbewerb.

i Alle ______ (20) Kinder waren jünger als ______ (10).

j Ein Lichtjahr sind rund neun Billionen vierhundertsechzig Milliarden …

______

______

______ (9 460 730 472 581) Kilometer.

6 Rechtschreibtest zur Groß- und Kleinschreibung

36 **Traumurlaub.** Schreibe den Text nach Diktat auf (→ Heft). Überarbeite ihn anschließend mithilfe der gelernten Rechtschreibstrategien:

- Bestimme die Wortart.
- Achte auf typische Wortendungen.
- Achte auf typische Begleitwörter.
- Mache die Begleiterprobe.

Hinweis: Der Diktattext ist im Lösungsteil abgedruckt. Lass ihn dir zum Beispiel von deinen Eltern vorlesen.

37 **Lösungsstrategie.** Welche Lösungsstrategie eignet sich jeweils am besten, um die Groß- und Kleinschreibung der gekennzeichneten Wörter zu überprüfen? Schreibe sie auf.

Beispielsätze	Lösungsstrategie
Er ist ohne **H**offnung.	
Sie tut viel **G**utes.	
Sie hilft ihm beim **Ü**ben.	
Die Übungen sind sehr **h**ilfreich.	

38 **Aufgemerkt.** Nur ein Satz ist völlig richtig geschrieben. Kreuze ihn an.

- ☐ An seinem verhalten ist nichts Auffälliges zu erkennen.
- ☐ An seinem Verhalten ist Nichts auffälliges zu Erkennen.
- ☐ An seinem Verhalten ist nichts Auffälliges zu erkennen.
- ☐ An Seinem Verhalten ist nichts Auffälliges zu Erkennen.

39 **Wortschlange.** Notiere den Text in der richtigen Schreibung.

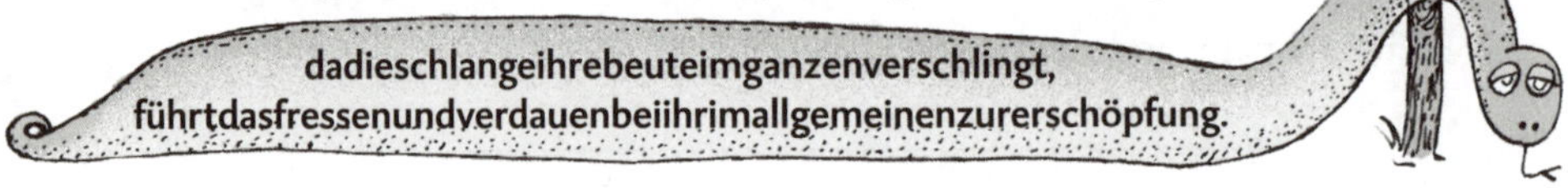

____

____

Vokale und Konsonanten

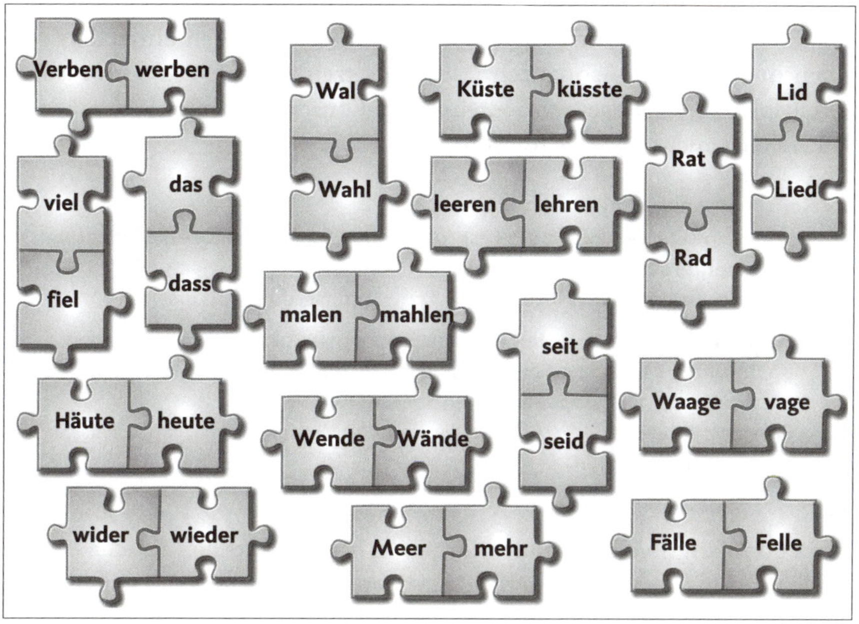

Wie du ein Wort schreiben musst, kannst du nicht immer hören. Aber durch Nachdenken und die passende **Strategie** lässt sich in vielen Fällen die richtige Schreibweise ermitteln. Wenn du beim **Schreiben bestimmter Buchstaben** unsicher bist, helfen dir die Regeln in diesem Kapitel. Sie zeigen dir, ob …

- ein Konsonant (Mitlaut) verdoppelt wird.
- du einen lang gesprochenen Vokal besonders kennzeichnen musst.
- man ein „scharfes" oder „weiches" s schreibt.
- ein „weicher" (b, d, g) oder ein „harter" (p, t, k) Konsonant geschrieben wird.
- du den richtigen der „Zwillingslaute" (ä – e, äu – eu) gewählt hast.

7 Kurze Vokale und Doppelkonsonanten

Unterscheide zwischen **lang** und **kurz gesprochenen Vokalen** (Selbstlauten: a, e, i, o, u). Daraus kannst du ableiten, ob du danach einen **einfachen** oder einen **doppelten Konsonanten** (Mitlaut) setzen musst. Nach einem langen Vokal folgt in der Regel nur ein einzelner Konsonant, hinter einem kurzen Vokal stehen meist mehrere Konsonanten.

Konsonantenhäufung

- Wenn ein betonter **Vokal kurz gesprochen** wird, folgen unmittelbar danach **zwei** oder **mehrere Konsonanten**.
  Beispiele: halten, lenken, Kiste, Wolke, Burg, Sprünge, dunkel, Wurst
- Hörst du nach einem betonten, **kurz gesprochenen Vokal** nur einen einzelnen Konsonanten, musst du ihn beim Schreiben verdoppeln. Zwei gleiche Konsonanten bezeichnet man als **Doppelkonsonanten**.
  Beispiele: Robbe, paddeln, Affe, baggern, schnell, Himmel, Sonne, Pappe, Fluss, klirren, retten

40 **Kurz oder lang?** Vokale können kurz oder lang gesprochen werden. Ordne die Wörter aus dem Kasten richtig zu. Unterscheide auch, ob nach dem Vokal ein einfacher, ein doppelter oder mehrere verschiedene Konsonanten folgen.

Messer, Brille, Enkel, Blut, hoffen, Blume, Sekt, Tafel, stumpf, mutig, sammeln, Rede, hell, Tag, sandig, Hand, klar, Fass, Winter, kosten, Donner, Schere, wandern, Lappen

Wörter mit kurzem Vokal		Wörter mit langem Vokal
Doppelkonsonant	**mehrere Konsonanten**	**einfacher Konsonant**

41 **Fremdkörper.** Lies die Wörter laut und deutlich. Streiche in jeder Zeile das Wort durch, das nicht dazugehört, und begründe.

a Kur, Korb, Koch, Kamm

b Hütte, Halle, Hose, Hilfe

c Tank, Tipp, Tür, Tritt

d Schlüssel, Schaden, Schlitten, Schulden

Begründung: ______________________________

____

42 **Doppelpack.** Verdoppele die Konsonanten b, d, f, g, l, m, n, p, r, s, t und setze sie in die Lücken der folgenden Wörter ein. Verwende jeden Doppelkonsonanten einmal.

a Lö____el

b So____e

c Ka____

d We____er

e E____e

f He____

g Ba____er

h Pu____e

i We____e

j Wa____er

k Pa____elboot

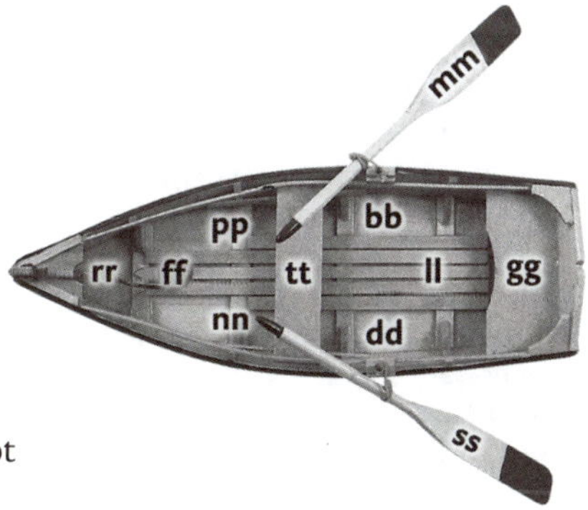

43 **Eins oder zwei?** Entscheide, ob ein einfacher Konsonant oder ein Doppelkonsonant eingesetzt werden muss. Welche Strategie hilft dir? Notiere.

a	s/ss?	der Ha____	der Ha____e
b	t/tt?	die Mu____er	der Mu____
c	n/nn?	der To____	die To____e
d	d/dd?	der Pu____el	der Pu____ing
e	l/ll?	die Scha____e	der Scha____

Strategie: ______________________________

____

Wenn es dir Schwierigkeiten bereitet, zu hören, ob ein Vokal kurz gesprochen wird oder nicht, dann helfen dir noch andere Strategien:
Um sicherzugehen, dass ein Doppelkonsonant geschrieben wird, kannst du das **Wort verlängern** und **nach Silben trennen** oder nach einem **verwandten Wort** suchen.

Doppelkonsonanten

- Trenne ein **mehrsilbiges Wort** nach Silben. Hörst du beim Sprechen den Konsonanten am Ende der einen und am Anfang der nächsten Silbe, schreibt man einen **Doppelkonsonanten**.
  Beispiele: schwi**m-m**en, Pfa**n-n**e
- Hörst du den Konsonanten dagegen nur bei einer Silbe, schreibst du einen **Einzelkonsonanten**.
  Beispiele: ba-**d**en, Re-**g**en
- Wenn das Wort nur eine Silbe hat, musst du es **verlängern**, um den Doppelkonsonanten zu erkennen.
  Nomen: Bilde den **Plural** (Mehrzahl).
  Beispiele: das Schiff → die Schi**f-f**e
  der Kuss → die Kü**s-s**e
  Adjektiv: **Steigere** das Adjektiv oder **ergänze ein Nomen**.
  Beispiele: knapp → kna**p-p**er
  voll → eine vo**l-l**e Flasche
  Verb: Bilde den **Infinitiv** (Grundform).
  Beispiele: er muss → mü**s-s**en
  sie will → wo**l-l**en
- Bei einigen Wörtern hilft dir die **Wortfamilie** weiter, um den Doppelkonsonanten zu erkennen: Suche nach einem **verwandten Wort**.
  Beispiele: Hoffnung → ho**f-f**en
  unfassbar → fa**s-s**en

44 **Grenzfälle.** Kennzeichne die Grenzen zwischen den Silben mit |. Achte auf die beiden Konsonanten in der Wortmitte.

KISSEN, SCHÜTTELN, RETTEN, PFARRER, LASSEN, HIMMEL, BETTELN, WETTEN, RITTER, ESSEN, KOMMEN, STIMME, SCHRITTE, MÄNNER, KENNEN, OFFEN, IRREN, ALLES, MASSE, ALLEIN, IMMER, NENNEN, WISSEN, RENNEN, SONNE, FALLEN, WILLE, STELLEN, KUMMER, SAMMELN, KLASSE, DOPPELT, FETTIG, LOTTO, NONNE, WANNE

45 **Verlängerung.** Verlängere die Wörter und trenne sie nach Silben, dann erkennst du jeweils die richtige Schreibweise.

Doppelkonsonant?	Prüfwort (Verlängerung)	richtige Schreibweise
das Bet *oder* das Bett?	die Bet-ten	das Bett
hel *oder* hell?		
sie rent *oder* sie rennt?		
der Hut *oder* der Hutt?		
er hoft *oder* er hofft?		
rot *oder* rott?		
das Rad *oder* das Radd?		
ich mus *oder* ich muss?		
schmal *oder* schmall?		
nas *oder* nass?		
der Bal *oder* der Ball?		
ihr komt *oder* ihr kommt?		

46 **Wortverwandtschaft.** Begründe die Schreibweise mit Doppelkonsonant. Finde jeweils ein passendes Wort aus der gleichen Wortfamilie.

a Gewi**nn** ____________

b wä**ss**rig ____________

c Beka**nn**ter ____________

d Sa**mm**lung ____________

e hä**ss**lich ____________

f Sto**pp**uhr ____________

g Sti**mm**band ____________

h wi**ss**begierig ____________

47 **Familienbande.** Ergänze die Cluster mit Wörtern aus derselben Wortfamilie. Markiere jeweils den Doppelkonsonanten.

a

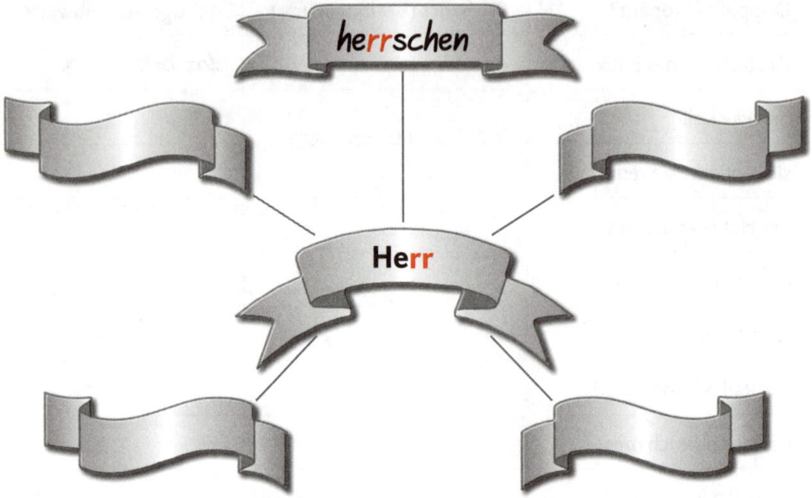

b

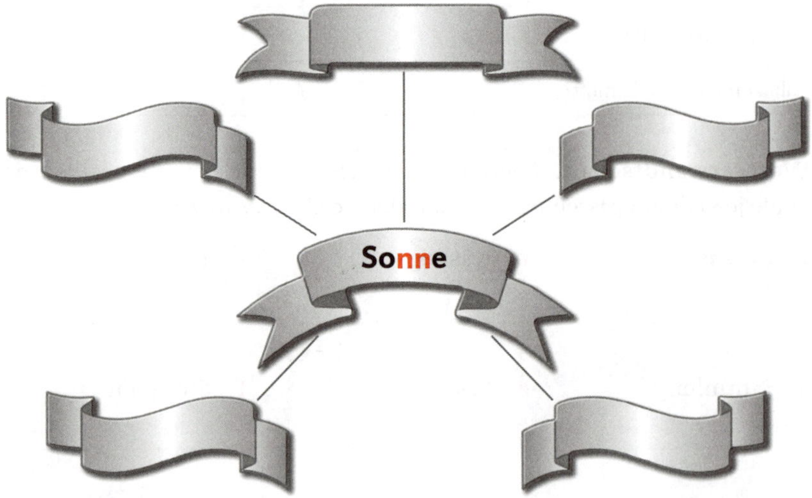

Die Konsonanten c, h, j, k, q, v, w, x, y, z werden im Deutschen nicht verdoppelt. Beachte die Sonderregel bei den **Konsonanten k und z**.

k/ck und z/tz

- Die Konsonanten **k** und **z** werden nicht verdoppelt. Hörst du nach einem kurzen, betonten Vokal die Konsonanten k und z, schreibst du stattdessen **ck** und **tz**.
  Beispiele: Schnecke, Mücke, Katze, Hitze
- Nur in einigen **Fremdwörtern** kann eine Verdoppelung von k und z vorkommen.
  Beispiele: Mokka, Sakko, Pizza, Skizze
- Merke dir auch folgende Regel: Nach **l**, **m**, **n**, **r**, das merke ja – folgt **nie tz** und **nie ck**.
  Beispiele: Balken, Imker, Münze, Arzt

48 **Geordnet.** Entscheide, ob die markierten Vokale kurz oder lang gesprochen werden, und ordne die Wörter richtig zu.

Bettl**a**ken – Dachl**u**ke – H**a**ken – H**ei**zung – J**a**cke – L**ü**cke – Schm**u**tz – Verl**e**tzung

Wörter mit kurzem Vokal → ck / tz	Wörter mit langem Vokal → k / z

49 **k oder ck?** Beachte: Nach l, m, n und r folgt kein ck.

a De_____e
b lo_____er
c Supermar_____t
d Win_____el
e Ban_____
f En_____el
g La_____
h tan_____en
i dun_____el
j par_____en
k Nel_____e
l Augenbli_____
m Wol_____e
n bedan_____en
o Verste_____
p Glo_____e
q glü_____lich
r Im_____er

50 **z oder tz?** Achte auf die l-m-n-r-Regel.

a Sal_____ **b** Pla_____

c Ker_____e **d** Wal_____e

e Kan_____ler **f** kra_____en

g wi_____ig **h** Her_____

i win_____ig **j** Pan_____er

k se_____en **l** he_____en

m La_____hose **n** Scher_____

o tan_____en **p** Mü_____e

q Spa_____ **r** Hol_____

51 **Rätselfuchs.** Finde passende Wörter mit ck und tz. Die Zahl in Klammern gibt dir an, den wievielten Buchstaben du für das Lösungswort brauchst.

a Uhr, die morgens klingelt: ______________________ (2.)

b Den Bleistift kann ich … ______________________ (3.)

c Wiener … mit Pommes frites: ______________________ (4.)

d Nicht stehen, sondern … ______________________ (4.)

e Tier, das Mäuse fängt: ______________________ (5.)

f Oberer Teil eines Kochtopfs: ______________________ (6.)

g Du bist so langsam wie eine … ______________________ (1.)

h Bettauflage, auf der man schläft: ______________________ (6.)

i Über den Fluss führt eine … ______________________ (3.)

j Dachshund: ______________________ (3.)

k Nicht nass, sondern … ______________________ (5.)

Lösungswort:

a	b	c	d	e	f	g	h	i	j	k

52 **Einfach oder doppelt?** Entscheide, ob ein Einzel- oder Doppelkonsonant geschrieben wird. Achte auf den Vokal, der unmittelbar davor steht. Wenn du unsicher bist, wende auch die anderen gelernten Strategien an.

a Im So_____er *(m)* ka_____ *(n)* ich mich in den großen Fe_____ien *(r)* erho_____en *(l)*.

b Die Ma_____erin *(l)* hat ein to_____es *(l)* Kunstwerk gescha_____en *(f)*.

c Alex und sein Bru_____er *(d)* spielen in derselben Ma_____schaft *(n)* Fußba_____ *(l)*.

d Am So_____tag *(n)* mu_____ *(s)* ich zum Glü_____ *(k)* nicht in die Schu_____e *(l)*.

e Das Schi_____ *(f)* le_____t *(g)* bei Flu_____ *(t)* im Ha_____en *(f)* an.

f Die So_____e *(n)* lä_____t *(s)* sich seit Ta_____en *(g)* nicht mehr bli_____en *(k)*.

g Den dre_____igen *(k)* Bo_____en *(d)* mu_____t *(s)* du gu_____ *(t)* schru_____en *(b)*, damit er sauber wird.

h Zum Entspa_____en *(n)* si_____e *(z)* ich i_____er *(m)* auf meinem Lieblingspla_____ *(z)* und le_____e *(s)*.

8 Lange Vokale und Dehnungskennzeichen

In den meisten Fällen werden **lang gesprochene Vokale** nicht besonders geschrieben. Manchmal wird ein langer Vokal jedoch durch **ein h** oder durch die **Verdoppelung des Vokals** gekennzeichnet. Das lang gesprochene i schreibt man meist als **ie**.

Lang gesprochene Vokale

- Betonte, lang gesprochene Vokale werden meistens als **einfache Buchstaben** geschrieben. In der Regel folgt danach ein **einzelner Konsonant**.
  Beispiele: Hase, fegen, Mode, nur
- Zu den langen Vokalen zählen auch die **Diphthonge** (Doppellaute): ai, au, äu, ei, eu.
  Beispiele: Mais, laufen, Läuse, leise, Eule

53 **Doppellaut.** Die Wörter im Kasten haben alle einen lang gesprochenen Vokal. Welche davon sind Diphthonge? Ordne sie entsprechend zu.

Mäuse, Ruder, Not, Seife, Weg, Faden, Maul, Kaiser, Tor, Kabel, Meise, Schule, Beule, Eile

Einfacher Vokal	Diphthong (Doppellaut)

54 **Besondere Kennzeichen.** Unterstreiche in jeder Zeile das Wort, dessen langer Vokal besonders gekennzeichnet ist. Notiere die Besonderheit.

a Reifen, Regen, Reim, Ruhm, Rasen → ______

b Bogen, Beule, Biene, Bote, Braten → ______

c Schnur, Staat, Schlaf, Star, Schal → ______

Ein lang gesprochener Vokal wird in manchen Wörtern durch ein **Dehnungs-h** gekennzeichnet. Diese Wörter lernst du am besten als **Merkwörter**.

Dehnungs-h

- Bei einigen Wörtern folgt nach einem lang gesprochenen Vokal ein h. Dieses h nennt man Dehnungs-h oder „**stummes h**", weil es nicht zu hören ist.
  Beispiele: Zahl, mehr, Lehne, ehrlich
- Ein Dehnungs-h steht **nur vor** diesen Konsonanten: **l**, **m**, **n** oder **r**.
  Beispiele: prahlen, zahm, Fahne, wahr
- Lerne die wichtigsten Wörter mit Dehnungs-h am besten **auswendig** und schlage im Zweifel im **Wörterbuch** nach. Die Regel zum Dehnungs-h gibt dir nur einen Anhaltspunkt, denn vor einem l, m, n oder r steht nicht immer ein h.
  Beispiele: malen, Name, Ton, Ware
- Das Dehnungs-h bleibt bei Wörtern aus derselben **Wortfamilie** erhalten. Deshalb kann es dir helfen, nach **verwandten Wörtern** zu suchen. Wenn das Grundwort mit h geschrieben wird, trifft dies auch auf seine „Verwandten" zu.
  Beispiel: bohren → er bohrt, Schlagbohrer, durchbohren, Bohrmaschine, Bohrung

55 **Lernlisten.** Die Wörter im Kasten haben alle ein Dehnungs-h. Trage sie in die entsprechenden Spalten der Tabelle ein.

Uhr, Bahn, Fehler, Lehrer, berühmt, kehren, Befehl, ihnen, Wahl, Ehre, wühlen, Mahnung, Rahmen, führen, angenehm, lahm, Sohn, gähnen, begehren, Lehm, kühn, hohl, ihm, Höhle

nach h folgt l	nach h folgt m	nach h folgt n	nach h folgt r

56 **Die l-m-n-r-Regel.** Finde heraus, welche Wörter mit Dehnungs-h geschrieben werden. Nach dem Dehnungs-h folgt immer einer der folgenden Buchstaben: l, m, n, r.

a Streiche zunächst alle Wörter durch, die kein Dehnungs-h haben, weil nach dem langen Vokal ein anderer Konsonant steht.

Ra?men, re?den, Da?me, erzä?len, Gra?s, Fa?ne, Schü?ler, Tru?bel, Ja?r,

Na?se, Blu?me, Hu?n, be?ten, ne?men, Perso?n, Spu?r, Fra?ge, kle?ben,

Frisu?r, Va?ter, To?n, Me?l, ernä?ren, Ta?l

b Ordne die restlichen Wörter entsprechend zu und trage sie in der richtigen Schreibweise in die Zeilen ein. Wenn du dir unsicher bist, schlage im Wörterbuch nach.

- Wörter **mit Dehnungs-h** vor l, m, n oder r:

____

____

____

____

____

- Wörter **ohne Dehnungs-h** vor l, m, n oder r:

____

____

____

____

____

57 **Wortstamm.** Unterstreiche jeweils den Wortstamm und suche das Grundwort der Wortfamilie.

a Anfahrt
→ ______________________

b Lehrling
→ ______________________

c Auszahlung
→ ______________________

d Einwohner
→ ______________________

e Gefühl
→ ______________________

f Fehlbetrag
→ ______________________

g Arbeitnehmer
→ ______________________

h Anführer
→ ______________________

58 **Rätselgitter.** Finde die Wörter mit Dehnungs-h und trage sie in das Rätselgitter ein.

1 unterer Teil des Schuhs
2 Teil des Gebisses
3 Steuermann eines Autos
4 Gemüsesorte
5 Pflanzensamen auf Brötchen
6 kleines Boot
7 Gehalt, Arbeitsentgelt
8 Spielfläche im Theater

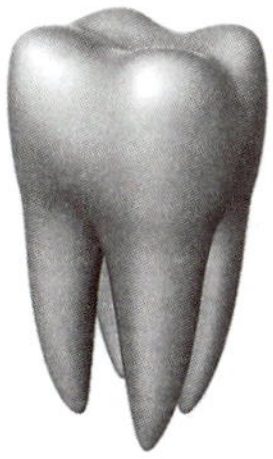
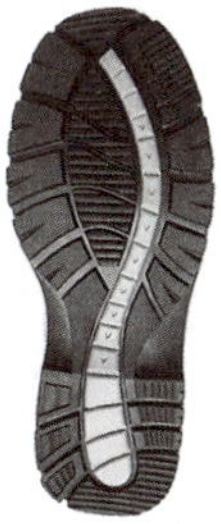
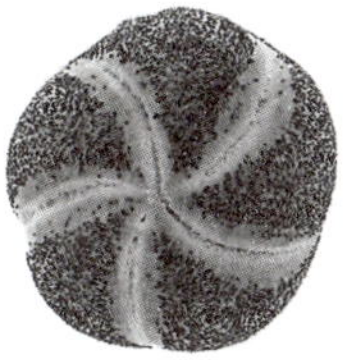

	1				2				
				3		H			
	H				H				
4			5			6		H	7
			H			H			H
8		H							

Der Buchstabe h kann aber noch eine andere Aufgabe erfüllen. Er kennzeichnet manchmal den **Beginn einer neuen Silbe**.

Silbentrennendes h

- Wenn nach einem **langen, betonten Vokal** noch ein **kurzer Vokal** folgt, dann musst du **dazwischen** ein **h** schreiben. Das h markiert den Anfang einer neuen Silbe.
  Beispiele: ge**h**en, Ru**h**e, fä**h**ig
- **Trenne** das Wort **nach Silben**, dann hörst du, dass der Vokal vor dem h lang und der Vokal nach dem h kurz gesprochen wird.
  Beispiele: se-**h**en, Tru-**h**e, Dre-**h**ung
- Wie das Dehnungs-h bleibt auch das silbentrennende h bei Wörtern aus derselben **Wortfamilie** erhalten. Bei einsilbigen Wörtern musst du das Wort deshalb meist **verlängern** oder nach einem **verwandten Wort** suchen, um das silbentrennende h erkennen zu können.

Beispiele:	Plural (Mehrzahl) bei Nomen:	Schuh	→	Schu-**he**
	Steigerungsform bei Adjektiven:	roh	→	ro-**her**
	Infinitiv (Grundform) bei Verben:	glüht	→	glü-**hen**
	verwandtes Wort:	Naht	→	nä-**hen**

59 **In die Länge gezogen.** Die folgenden Wörter enthalten alle einen langen Vokal. Ordne sie passend zu und trage sie in die Tabelle ein.

Höhe, drehen, Stuhl, Hose, stehen, Faden, Kehle, Höhle, ziehen, Gabel, ahnen, Brühe, Ufer, Krähe, treten, gefährlich, Bohne, legen

ohne Kennzeichnung	mit Dehnungs-h	mit silbentrennendem h

60 **Am Kirmesstand.** An jedem der drei Luftballonstände hat sich ein falsches Wort eingeschlichen. Streiche es durch und begründe, warum es nicht in die Reihe passt.

a

b

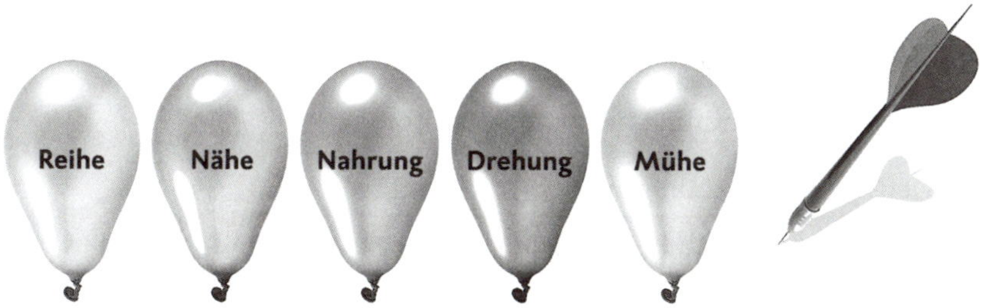

c

61 **Verlängert.** Beweise, dass folgende Nomen im Singular (Einzahl) mit einem h enden. Verlängere die Wörter, indem du sie in den Plural (Mehrzahl) setzt. Trenne die Pluralform dann nach Silben.

		verlängertes Wort		nach Silben getrennt
a der Schuh	→	die Schuhe	→	die Schu-he
b das Reh	→	______	→	______
c der Zeh	→	______	→	______
d der Floh	→	______	→	______
e die Kuh	→	______	→	______

62 **Verkürzt.** Ergänze die Lücken. Beachte: Das silbentrennende h bleibt erhalten.

a Kai hat eine **frohe** Nachricht erhalten.

Darüber ist er sehr ______.

b Die Abschlussprüfung rückt immer **näher**.

Der Termin ist schon ganz ______.

c **Rohes** Gemüse kann sehr gesund sein.

Fleisch isst man dagegen nicht ______.

d Der Postbote klingelt **früher** als sonst.

Er ist heute ______ dran.

63 **Das h bleibt.** Setze die Verben in der richtigen Form ein.

a Katja ______ gern bunte Kleider ______. *(anziehen)*

Sie ______ sich ihre Kleider meistens selbst. *(nähen)*

b Der Steuersünder ______ ins Ausland. *(fliehen)*

In Deutschland ______ ihm eine lange Haftstrafe. *(drohen)*

64 **Mit oder ohne h?** Suche nach verwandten Wörtern und trenne sie nach Silben, um die richtige Schreibweise herauszufinden.

			verwandtes Wort		richtige Schreibweise
a	Wei?nachten	→	weihen	→	Weihnachten
b	Fernse?serie	→		→	
c	Filmverlei?	→		→	
d	Bo?tschaft	→		→	
e	Sprü?dose	→		→	
f	Fra?gwürdigkeit	→		→	
g	Zie?harmonika	→		→	
h	Ro?kost	→		→	

65 **Dehnung oder Silbentrennung?** Kennzeichne, ob es sich um ein Dehnungs-h (**D**) oder ein silbentrennendes h (**S**) handelt. Suche nach verwandten Wörtern und trenne nach Silben, wenn du dir unsicher bist.

a Für den Hausbau na**h**men (___) sie ein Darle**h**en (___) auf.

b Der Unfall gescha**h** (___) in der Nä**h**e (___) meiner Wo**h**nung (___).

c Der Bauer mä**h**te (___) seine Wiese, e**h**e (___) es zu regnen anfing.

d Er erzielte im letzten Ja**h**r (___) einen ungea**h**nt (___) ho**h**en (___) Gewinn.

e Der berü**h**mte (___) Schauspieler le**h**nte (___) es ab, den Film zu dre**h**en (___).

f Der Bürgermeister verlie**h** (___) i**h**m (___) für seine e**h**renamtlichen (___) Dienste einen Orden.

Achte beim **i-Laut** auf seine Länge. Keine Probleme gibt es, wenn das **i kurz gesprochen** wird: Dann schreibst du es immer als **einfaches i**. Beim **langen i** gibt es **verschiedene Schreibweisen**, die du im Folgenden kennenlernst.

Der lange i-Laut

Wenn du ein **langes i** hörst, schreibst du es meistens mit **ie**.

Beispiele: Wiese, tief, schwierig, marschieren, viel

66 **Langes i als ie.** Was ist auf den Bildern zu sehen? Notiere die Wörter.

a 

____

b 

____

c 

____

d 

____

67 **Kurzes oder langes i?** Achte auf die Aussprache des Vokals und entscheide, ob du **i** oder **ie** in die Lücken setzen musst.

a fl____gen

b Pap____r

c W____nter

d B____lderbuch

e N____derlage

f P____nsel

g b____tter

h spaz____ren

i Klav____r

j B____rne

k n____mals

l L____bl____ng

68 **Gitterrätsel.** Hier verstecken sich waagerecht und senkrecht zehn Nomen mit **ie**. Finde sie und schreibe sie mit ihrem Artikel auf.

S	T	I	E	F	E	L	O	W	R	F	B	D	M	I	T	R	E	U	T	R	S	M
G	E	B	W	L	N	H	M	K	T	R	I	C	Z	W	I	E	B	E	L	B	P	E
H	R	N	S	I	J	V	P	G	S	T	E	D	X	I	V	N	B	L	I	C	I	T
I	F	M	R	E	K	R	I	E	M	E	N	V	D	E	L	S	M	I	E	T	E	J
K	X	P	A	G	O	C	Z	B	L	U	E	N	E	G	A	F	S	H	G	H	L	K
R	A	D	I	E	S	C	H	E	N	Z	T	N	T	E	W	G	M	N	E	W	R	F

▶ ______________________ ▶ ______________________

▶ ______________________ ▶ ______________________

▶ ______________________ ▶ ______________________

▶ ______________________ ▶ ______________________

▶ ______________________ ▶ ______________________

Von der üblichen ie-Schreibweise beim langen i gibt es einige **Ausnahmen:**

Ausnahmen beim langen i-Laut

- Es gibt einige Wörter, in denen der Vokal **i lang gesprochen** und trotzdem nur als **einfaches i** geschrieben wird. Dies ist vor allem bei Fremdwörtern der Fall.
  Beispiele: Apfelsine, Rosine, Terrine, Kantine, Vitamine, Marine, Praline, Klima, Liter, Benzin, Medizin, Bibel, Krise, Ski, Motiv, stabil
- Achte auch auf die Schreibweise bestimmter **Pronomen** (Fürwörter). Das lange i wird manchmal nur als **einfaches i** oder mit **ih** geschrieben.
  Beispiele: mir, dir, wir
  ihm, ihnen, ihr, ihren, ihrer
- Einige wenige Wörter mit **ie** werden zusätzlich mit einem **Dehnungs-h** oder **silbentrennenden h** gekennzeichnet.
  Beispiele: Vieh, fliehen, wiehern, ziehen, er befiehlt, es geschieht
- Einzelne Wörter mit langem i werden **gleich gesprochen**, aber **unterschiedlich geschrieben**. Achte hier genau auf die **Bedeutung**.
  Beispiele: Lid (Augenlid) – Lied (Singstück)
  Stil (Art und Weise, Kunstrichtung) – Stiel (Griff, Stange)
  Mine (Bleistift, Bergwerk, Sprengkörper) – Miene (Gesichtsausdruck)
  wider (gegen, entgegen, feindlich) – wieder (noch einmal, zurück)

69 **Langes i gesucht.** Unterstreiche in den Sätzen alle Wörter mit einem lang gesprochenen i-Laut. Ordne sie dann entsprechend zu. Die Zahl in Klammern zeigt dir an, wie viele Wörter du jeweils finden musst.

Hinweis: Wörter mit einem kurzen i-Laut werden hier nicht gesucht.

a Diese Aufgaben in Geometrie sind ziemlich schwierig.

b Ein Dieb stiehlt ihm seine Brieftasche und flieht über alle Berge.

c Skifahren macht mir im Winter immer riesigen Spaß.

d Sophie verliert gegen Sabine im Tennis, obwohl sie viel trainiert hat.

e Die Nilpferde im Tierpark liegen friedlich in der Sonne.

f Diese Krise zieht ihn in ein tiefes Loch. Er sieht richtig verzweifelt aus.

→ **Wörter mit ie** (18): ______________________________

____

____

____

→ **Wörter mit i** (5): ______________________________

____

→ **Wörter mit ih** (2): ______________________________

→ **Wörter mit ieh** (4): ______________________________

____

70 **i oder ie?** Fülle die Lücken.

a Unser Nachbar steht ___m Verdacht, ein schl___mmer D___b zu sein.

b B___tte drücke m___r am M___ttwoch beim Fußballsp___l d___ Daumen.

c ___m Großen und Ganzen s___nd w___r m___t deiner Arbeit zufr___den.

d Verg___ss n___cht, Tante Elfr___de heute zum Geburtstag zu gratul___ren.

71 **Dialog.** Erol hat die Schule gewechselt. Zufällig trifft er seinen alten Klassenlehrer wieder. Setze alle Pronomen aus dem Kasten richtig in die Lücken ein.

Hinweis: Achte auf die Großschreibung bei der Höflichkeitsanrede.

dir – ihnen – Ihnen – Ihnen – mir – mir – mir – sie – Sie – wir

- Hallo, Herr Bühr! Wie geht es ____________?
- Schön dich zu sehen, Erol! Danke, ____________ geht es soweit ganz gut. Und wie läuft es bei ____________ an der neuen Schule?
- ____________ gefällt es dort richtig gut. ____________ haben eine gute Klassengemeinschaft, aber ich vermisse auch meine alten Klassenkameraden. Können ____________ ____________ von ____________ bitte ganz liebe Grüße bestellen?
- Klar, das werde ich machen. Darüber freuen ____________ sich bestimmt.
- Danke, das ist sehr nett von ____________. Einen schönen Tag noch!

72 **Pronomen oder Präposition?** Entscheide, ob du ein Personalpronomen *(ihn, ihm)* oder eine Präposition *(in, im)* einsetzen musst.

Hinweis: Achte auf den Vokal: Wird er lang oder kurz gesprochen?

Mutter: Wo ist Sergej? Hast du ________ schon gesehen? Liegt er etwa noch ________ Bett?

Anna: Wahrscheinlich ist er wieder seit Stunden ________ Badezimmer.

Mutter: Kannst du ________ bitte suchen und ________ sagen, dass er sich beeilen soll? Sein Bus kommt ________ fünf Minuten. Sonst fährt er ________ wieder davon.

Anna: Du glaubst doch nicht ________ Ernst, dass es etwas hilft, wenn ich ________ antreibe! Den Bus verpasst er ________ jedem Fall wieder. Oder war er etwa schon einmal pünktlich ________ der Schule?

73 Rätselfuchs. Hier werden Wörter gesucht, die ein lang gesprochenes i haben, sich aber nur mit einfachem i schreiben. Wie lautet das Lösungswort?

a apfelsinenähnliche Frucht:
b Treibstoff für Autos:
c Die Eckbank steht in der Zimmer-…
d technisches Gerät:
e Raubkatze:
f leichter Windhauch:
g Dort werden alte Dokumente aufbewahrt:
h Skilanglauf mit Schießen:
i Ersatz für Butter:
j stacheliges Tier:
k verfallenes Gebäude:
l Nagetier, das Staudämme baut:
m Seitenansicht, Längs- oder Querschnitt:
n Vorhang:
o Giftstoff in der Zigarette:
p altes Grundschulbuch:
q Sie verschüttet manchmal Skifahrer:

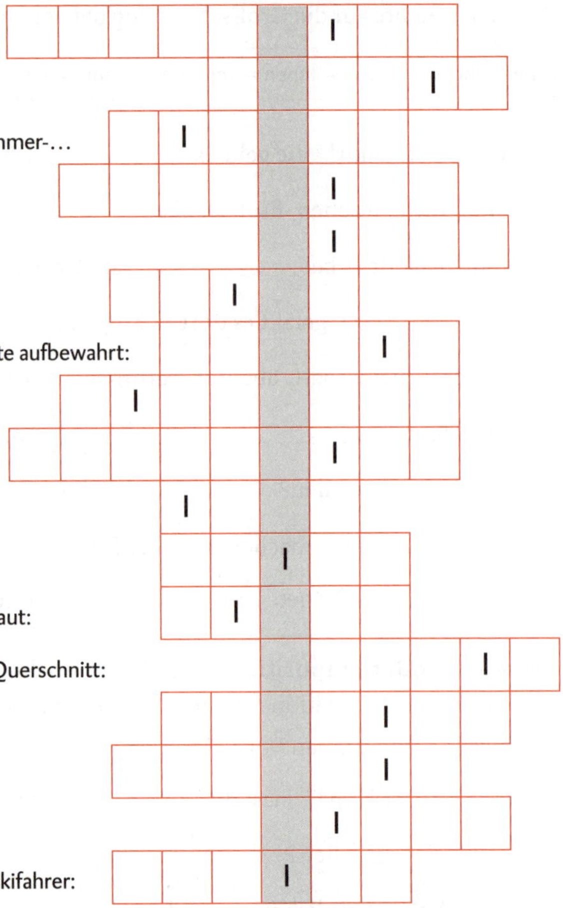

Wenn du das Rätsel richtig gelöst hast, bist du ein:

____

74 Bedeutungsunterschied. Setze die Wörter richtig in die Lücken ein.

a Lider/Lieder?

Vor dem Einschlafen höre ich immer einige _______________. Davon werde ich so müde, dass mir meine _______________ zufallen.

b **Mine/Miene?**

Der Goldgräber machte eine glückliche ______________, als er die Gold-

______________ betrat.

c **Stil/Stiel?**

Die Malerin hat ihren eigenen ____________, wie sie mit Farbe und Pinsel-

____________ umgeht.

75 **Abschreiben erwünscht.** Schlage im Wörterbuch unter den Stichwörtern „wider-…“ und „wieder-…“ nach. Notiere jeweils fünf Wörter.

wider-…	wieder-…

76 **wider oder wieder?** Setze i und ie richtig ein.

a Vor der Klassenarbeit w___derholt der Lehrer den Stoff der letzten Stunden.

b Samuel hat das Gedicht fehlerfrei w___dergegeben.

c Die Schokolade ist so lecker, ich kann der Versuchung nicht w___derstehen.

d Das Schilf spiegelt sich auf der Wasseroberfläche des Sees w___der.

e Ich fordere eine W___dergutmachung für den Schaden!

f Zu einer richtigen Diskussion gehört, dass man einander w___derspricht.

g Kurz nach dem W___deranpfiff zur zweiten Halbzeit fiel das erste Tor.

h Bei der Verabschiedung fragt er: „Wann werde ich dich w___dersehen?“

i Die neue Straße stößt bei den Anwohnern auf erbitterten W___derstand.

j Marek w___dersetzt sich der Anweisung seines Vaters.

In einzelnen Fällen wird ein lang gesprochener **Vokal verdoppelt**. Lerne die wichtigsten Wörter auswendig.

Doppelvokale

Doppelvokale kommen nur in wenigen Wörtern vor, meist sind es einsilbige Wörter. Verdoppelt werden können nur die Vokale **a**, **e**, und **o**.

Beispiele: Haar, Saal, Staat, Waage
Fee, Meer, Schnee, Tee
Boot, Moor, Moos, Zoo

77 **Waldmeister.** Bilde mit den Doppelvokalen Wörter.

a

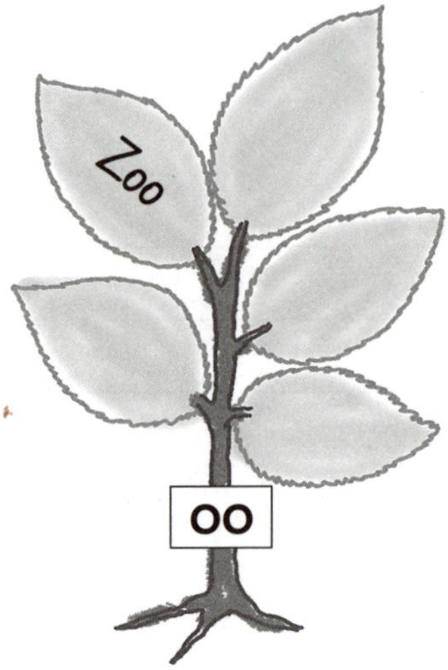

b

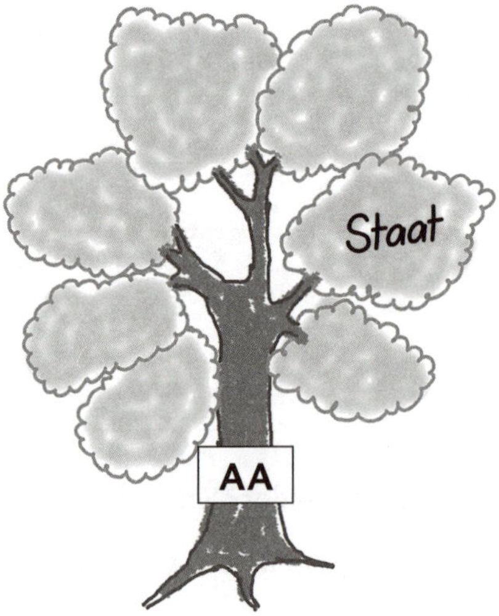

c

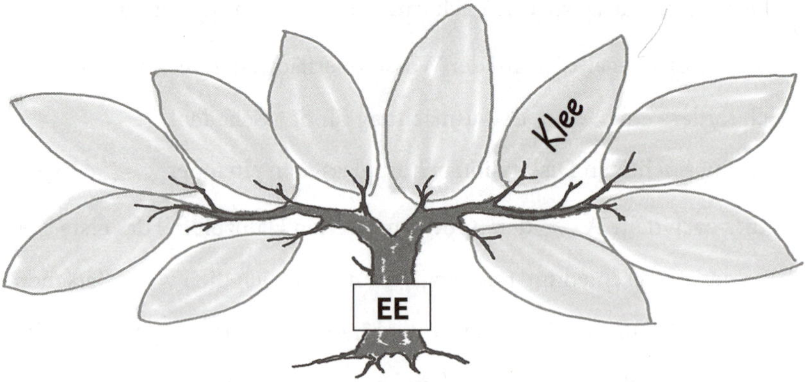

78 **Doppelt hält besser.** Setze die Doppelvokale **aa**, **ee** oder **oo** richtig ein.

a Das Brautp_____r ist auf Hochzeitsreise.

b Das Segelb_____t ist im Mittelm_____r in S_____not geraten.

c Bald kann man in unserem B_____t frische Erdb_____ren pflücken.

d Zum Frühstück trinke ich gerne T_____ oder Kaff_____.

e Der St_____tsanwalt erhebt Anklage.

f Er hat blonde H_____re und blaue Augen.

g Der Kinos_____l ist noch ganz l_____r.

h Auf dem Fischmarkt wird geräucherter _____l verkauft.

i Ein vierblättriges Kl_____blatt bringt Glück.

j Diesen Winter ist noch kein Schn_____ gefallen.

k Deine Id_____, in den Z_____ zu gehen, finde ich gut.

l Meine Mutter hat das Sternzeichen „W_____ge".

79 **Doppelvokal oder Dehnungs-h?** Setze die fehlenden Buchstaben ein.

a Die Nuss ist innen h_____l.

b Der alte Baumstamm ist von M_____s bedeckt.

c Der L_____rer schreibt die Lösung an die Tafel.

d Der Präsident fliegt zu einem St_____tsbesuch.

e Er ist amtierender Weltmeister im Sp_____rwerfen.

f Herr Schmid hat einen S_____n und zwei Töchter.

g Die Straße ist neu get_____rt worden.

h Frau Helmer ist die gute S_____le des Vereins.

i Leon fängt nach der Schule eine L_____re an.

j Die Mülltonnen werden einmal pro Woche gel_____rt.

k In den Ferien f_____ren wir nach Holland ans M_____r.

l Der Träger des Kleides hält nicht m_____r, weil die N_____t aufgegangen ist.

80 **Kreisel.** Die Spielsachen von Lena wurden durcheinandergewirbelt. Füge die Buchstaben wieder richtig zusammen, dann ergeben sich zusammengesetzte Nomen.
Kennzeichne **alle langen Vokale** mit unterschiedlichen Farben:

- einfacher Vokal
- Diphthong
- Dehnungs-h
- langes ie
- Doppelvokal

s n a E b e h i n

a h r F a d r

i p e l u e S z g

o e o e g S l b t

c S r e S u ä m h b

t i g e L e S o e n

u a l d K e a n f

a i k r e S u l h e c t

- ______________________
- ______________________
- ______________________
- ______________________
- ______________________
- ______________________
- ______________________
- ______________________

9 Wörter mit s, ss oder ß

Für den den **s-Laut** gibt es drei verschiedene Schreibweisen: **s**, **ss** und **ß**. Welche Schreibweise du verwenden musst, kann – wie du bereits gelernt hast – von der Sprechweise des **vorausgehenden Vokals** abhängen. Aber es gibt hierzu noch andere Regeln, die du in diesem Kapitel kennenlernst. Wichtig ist, dass du ein **weich gesprochenes s** von einem **scharf gesprochenen s** unterscheiden kannst.

Weicher und scharfer s-Laut

- Wird der s-Laut **weich** gesprochen, klingt er wie das **Summen einer Biene**. Den weichen s-Laut schreibst du **immer** mit einem einfachen **s**.
  Beispiele: Sonne, Hose, leise
- Wird der s-Laut **scharf** gesprochen, klingt er wie das **Zischen einer Schlange**. Bei einem scharf gesprochenen s sind alle **drei Schreibweisen (s, ss, ß)** möglich.
  Beispiele: nass, fließen, Gras, Kiste, Wespe

81 **Weich oder scharf?** Wie wird der s-Laut gesprochen? Kreuze entsprechend an.

	weich	scharf
Käse	☐	☐
Wasser	☐	☐
fleißig	☐	☐
reisen	☐	☐
Kosten	☐	☐
essen	☐	☐
Nase	☐	☐
Grüße	☐	☐
Fass	☐	☐

	weich	scharf
Sieger	☐	☐
Knospe	☐	☐
Fest	☐	☐
Klasse	☐	☐
Haus	☐	☐
beißen	☐	☐
Nässe	☐	☐
singen	☐	☐
Los	☐	☐

Achte darauf, an welcher Stelle der s-Laut steht: am Wortanfang, im Wortinnern oder am Wortende.

Der s-Laut am Wortanfang

- Am **Wortanfang** schreibt man **immer** ein **einfaches s.**
  Beispiele: Salat, sehen, sicher
- Vorsicht: Bei Wörtern, die mit den Buchstabenpaaren **st** und **sp** beginnen, hörst du den Laut **sch**, schreibst aber nur ein einfaches **s.**
  Beispiele: stark (gesprochen: „*sch*tark")
  Spiel (gesprochen: „*Sch*piel")

82 **Sonnenbad.** Ergänze die Wörter, die mit s beginnen. Achte auf die Groß- und Kleinschreibung.

Im ____ommer liegt ____andra gern am ____trand im warmen ____and und ____onnt ____ich. Vor den gefährlichen UV-____trahlen ____chützt ____ie ____ich mit einer ____onnencreme mit hohem ____chutzfaktor. Und wenn die ____onne mittags im ____üden ____teht, ____pannt ____ie ____ogar ihren ____chirm auf und legt ____ich in den ____chatten.

83 **s oder sch?** Entscheide und fülle die Lücken. Gesucht sind jeweils zehn Nomen, Adjektive und Verben.

a ______erz, ______paß, ______pur, ______necke, ______tadt, ______tern, ______lange, ______tunde, ______ere, ______rank

b ______till, ______mutzig, ______nell, ______lank, ______tur, ______lau, ______warz, ______teil, ______portlich, ______pannend

c ______paren, ______enken, ______lucken, ______prechen, ______tehen, ______ließen, ______penden, ______lafen, ______pielen, ______neiden

Steht der s-Laut im Wortinnern, musst du auf den **vorausgehenden Vokal** achten und darauf, ob der **s-Laut weich** oder **scharf** gesprochen wird.

Der s-Laut im Wortinnern

- Den **scharfen s-Laut** schreibt man mit **ss**, wenn der **Vokal** vor dem s-Laut **kurz** gesprochen wird.
  Beispiele: Kissen, müssen, besser
- Den **scharfen s-Laut** schreibt man mit **ß**, wenn vor dem s-Laut ein **langer Vokal** steht. Als lang gesprochene Vokale gelten auch die Doppellaute (Diphthonge).
  Beispiele: Straße, heißen, draußen
- Den **weichen s-Laut** schreibst du mit **s**. Er folgt oft einem **langen Vokal** und steht am Beginn der neuen Silbe.
  Beispiele: Nase, lesen, leise
- Vor den Konsonanten **p** und **t** schreibt man meist ein **einfaches s**.
  Beispiele: Wüste, fasten, Knospe
  aber: er musste *(Hier gehört das t zur Endung des Verbs.)*

84 **s oder ß?** Setze hinter die langen Vokale entweder den weichen oder den scharfen s-Laut.

a Wenn dein Vater das erfährt, wird er dich in Stücke rei_____en.

b Ich möchte im Sommer nach England rei_____en.

c Johanna wünscht sich zu Weihnachten ein wei_____es iPhone.

d Lukas hat immer einen wei_____en Spruch auf Lager.

e In diesem Jahr bekommen wir bestimmt einen hei_____en Sommer.

f Vom vielen Reden ist unser Lehrer schon ganz hei_____er.

85 **ß oder ss?** Achte auf die Länge des Vokals und entscheide, welchen der beiden scharfen s-Laute du einsetzen musst.

a Der Täter war dunkel gekleidet und hatte eine ma_____ige Gestalt.

b Jonathan kocht regelmä_____ig für seine Freundin.

c Sie hei_____en ihn nach seiner Rückkehr herzlich willkommen.

d Ihm zu Ehren hi_____en sie die Fahne.

e Für den Anzug nimmt die Schneiderin seine Ma_____e.

f Der Teig wird zu einer cremigen Ma_____e gerührt.

86 **s, ss oder ß?** Finde die gesuchten Begriffe und fülle die Tabelle richtig aus.

a Löffel, Gabel und …

b Ein störrisches Tier: …

c Das Gegenteil von „faul“: …

d Nicht dürfen oder wollen, sondern …

e Blumen steckt man in eine …

f Wenn Eis schmilzt, wird es …

g Nicht innen, sondern …

h Emmentaler, Camembert, Allgäuer …

i Mit den Zähnen kannst du …

j Das Gegenteil von „lieben“: …

k Die Autos fahren auf der …

	Vokal		s-Laut		s/ss/ß	gesuchtes Wort
	lang	kurz	weich	scharf		
a	☐	☒	☐	☒	ss	Messer
b	☐	☐	☐	☐		
c	☐	☐	☐	☐		
d	☐	☐	☐	☐		
e	☐	☐	☐	☐		
f	☐	☐	☐	☐		
g	☐	☐	☐	☐		
h	☐	☐	☐	☐		
i	☐	☐	☐	☐		
j	☐	☐	☐	☐		
k	☐	☐	☐	☐		

Am **Wortende** klingt der s-Laut **immer scharf**. Führe die **Verlängerungsprobe** durch, dann kannst du hören, wie du ihn schreiben musst.

Der s-Laut am Wortende

Bei einem **scharf** gesprochenen s am **Wortende** sind alle **drei Schreibweisen** (s, ss, ß) möglich.

- **Verlängere** das Wort. Wird der scharfe s-Laut **weich**, schreibst du **s**. Bleibt das **scharf** gesprochene s erhalten, schreibst du **ß** nach **langem Vokal** und **ss** nach **kurzem Vokal**.

Nomen: Bilde den **Plural** (Mehrzahl).

Beispiele:	Maus	→	Mäuse	*s-Laut wird weich → s*
	Gruß	→	Grüße	*s-Laut bleibt scharf, langer Vokal → ß*
	Kuss	→	Küsse	*s-Laut bleibt scharf, kurzer Vokal → ss*

Adjektiv: **Steigere** das Adjektiv oder **ergänze ein Nomen**.

Beispiele:	mies	→	mieser	*s-Laut wird weich → s*
	groß	→	größer	*s-Laut bleibt scharf, langer Vokal → ß*
	nass	→	nasses Hemd	*s-Laut bleibt scharf, kurzer Vokal → ss*

Verb: Bilde den **Infinitiv** (Grundform).

Beispiele:	sie liest	→	lesen	*s-Laut wird weich → s*
	er gießt	→	gießen	*s-Laut bleibt scharf, langer Vokal → ß*
	ich muss	→	müssen	*s-Laut bleibt scharf, kurzer Vokal → ss*

- Für Wörter, die man nicht verlängern kann, suchst du stattdessen ein **verwandtes Wort**, um den s-Laut zu erkennen.

Beispiele:	Eis	→	eisig	*s-Laut wird weich → s*
	Fleiß	→	fleißig	*s-Laut bleibt scharf, langer Vokal → ß*
	Hass	→	hassen	*s-Laut bleibt scharf, kurzer Vokal → ss*

87 **Verlängerte Nomen.** Die folgenden Wörter sind im Singular (Einzahl) und im Plural (Mehrzahl) unvollständig. Setze **s**, **ss** oder **ß** ein.

a der Fu____ → die Fü____e

b das Gla____ → die Glä____er

c der Fel____ → die Fel____en

d der Spa____ → die Spä____e

e das Schlo____ → die Schlö____er

f das Glei____ → die Glei____e

g der Sto____ → die Stö____e

h die Nu____ → die Nü____e

i der Strau____ → die Sträu____e

j das Fa____ → die Fä____er

k der Gru____ → die Grü____e

l das Flo____ → die Flö____e

m das Gra____ → die Grä____er

n der Flu____ → die Flü____e

88 **Verlängerte Adjektive.** Setze die verlängerten Adjektivformen ein, dann findest du heraus, ob du ein **s**, **ss** oder **ß** schreiben musst.

- **a** hei____ → Ich nehme ein ________________________ Bad.
- **b** bla____ → Sie wird immer ________________________ im Gesicht.
- **c** sü____ → Mit Zucker wird der Kaffee ________________________.
- **d** hilflo____ → Er ist in einer ________________________ Lage.
- **e** na____ → Trockne deine ________________________ Haare.
- **f** seriö____ → Das ist eine ________________________ Firma.

89 **Verlängerte Verben.** Setze die Verben in den Infinitiv (Grundform), um zu erkennen, ob du sie mit **s**, **ss** oder **ß** schreibst.

- **a** Der Gewinner wird ausgelo____t. → ________________________
- **b** Der Stürmer schie____t aufs Tor. → ________________________
- **c** Hoffentlich stö____t ihm nichts zu. → ________________________
- **d** Die Nachbarskatze wird vermi____t. → ________________________
- **e** Die Erde krei____t um die Sonne. → ________________________
- **f** Janik genie____t seinen freien Tag. → ________________________
- **g** Das pa____t mir heute gar nicht. → ________________________
- **h** Der Wind blä____t ziemlich stark. → ________________________
- **i** Der Neckar flie____t durch Stuttgart. → ________________________
- **j** Das Schild wei____t ihm den Weg. → ________________________
- **k** La____ mich doch einfach in Ruhe! → ________________________
- **l** Der Maibaum mi____t fast 20 Meter. → ________________________
- **m** Ich habe das Rätsel gelö____t. → ________________________
- **n** Unser Hase fri____t gern Löwenzahn. → ________________________

Die Schreibweise einiger Wörter mit s kann man nicht durch Regeln erklären. Versuche deshalb, sie dir zu merken.

Den s-Laut richtig schreiben: Sonderfälle

- Bei einigen „**kleinen**" **Wörtern**, die auf s enden, hilft die Verlängerungsprobe nicht.
  Beispiele: es, aus, was, das, bis
- Bei bestimmten Nomen, die auf s enden, **verdoppelt** sich das **s im Plural**.
  Beispiele: der Bus — *aber:* die Busse
  das Erlebnis — *aber:* die Erlebnisse
- Innerhalb einiger Wortfamilien kann sich der Stammvokal und auch die **Länge des Stammvokals** ändern. Dadurch verändert sich auch die Schreibweise des s-Lauts.
  Beispiele: wissen → ich **weiß** — *vom kurzen zum langen Vokal → von ss zu ß*
  genießen → Genuss — *vom langen zum kurzen Vokal → von ß zu ss*

90 **Mehr davon!** Setze die folgenden Nomen in den Plural.

a Hindernis → ____________ b Kürbis → ____________

c Zeugnis → ____________ d Krokus → ____________

e Ergebnis → ____________ f Wagnis → ____________

g Bedürfnis → ____________ h Ereignis → ____________

i Geheimnis → ____________ j Bus → ____________

91 **Vokaländerung.** Fülle die Tabelle aus. Beachte, dass sich bei diesen Verben der Stammvokal und damit auch der s-Laut ändert.

Infinitiv (Grundform)	Präsens (Gegenwart)	Präteritum (Vergangenheit)
vergessen	er	er vergaß
reißen	sie	sie riss
	ich weiß	ich
essen	er	er
	sie gießt	sie
	ich	ich ließ

92 **Familienstamm.** Ergänze Wörter aus der jeweiligen Wortfamilie. Achte auf die Änderungen im Stammvokal und beim s-Laut.

a

b

c

93 **Fehlende s-Laute.** In den folgenden Sätzen fehlen viele s-Laute. Trage die richtige Schreibweise ein.

a Er go____ einen Liter Wa____er in da____ Gefä____ au____ Gla____.

b Sie fa____te schlie____lich einen au____ergewöhnlichen Entschlu____.

c Da____ Schlo____ lä____t sich mit die____em Schlü____el aufschlie____en.

d Ohne Flei____ kein Prei____! Das hei____t: Du mu____t dich an____trengen.

e Er schenkte seiner Lieb____ten einen gro____en Strau____ roter Ro____en.

f Nach dem E____en gibt e____ noch ein Ei____ mit einer sü____en So____e au____ hei____en Himbeeren.

Was ist der Unterschied zwischen „**das**“ und „**dass**“? Mit folgenden Regeln kannst du die Wörter ganz einfach auseinanderhalten.

***Dass* oder *das*?**

- Das Wort **dass** ist immer eine **Konjunktion** (Bindewort), die einen **Nebensatz** einleitet. Im Hauptsatz steht meist ein Verb, das ausdrückt, was jemand **sagt** *(sagen, äußern, erklären, befehlen …)*, **denkt** *(denken, glauben, meinen …)* oder **wahrnimmt** *(fühlen, hören, sehen …)*.
  Beispiele: Meine Mutter *glaubt* mir nicht, dass ich eine Eins geschrieben habe.
  Dass sie mir so wenig zutraut, hätte ich nicht *gedacht*.
- Das Wort **das** kann dreierlei sein: ein **Artikel**, ein **Demonstrativ-** oder ein **Relativpronomen**. Als Pronomen (Fürwort) ist es Stellvertreter für ein anderes Wort oder eine Wortgruppe.
  Beispiele: das Geld, das Essen, das lustige Spiel — *Artikel*
  Du kommst früh. Das freut mich. — *Demonstrativpronomen*
  Leihst du mir *dein Buch*, das du gelesen hast? — *Relativpronomen*
- Im Zweifel kannst du die **Ersatzprobe** machen: Wenn du anstelle des Wortes **das/dass** eines der Pronomen **dieses**, **jenes** oder **welches** einsetzen kannst, schreibst du **das**. Ist ein Austausch **nicht** möglich, schreibst du **dass**.
  Beispiele: Ich habe das Handy bekommen, das/dass (?) ich mir gewünscht habe.
  Ich habe das Handy bekommen, welches ich mir gewünscht habe. (→ das)
  Ich sehe, das/dass (?) du ein neues Handy hast.
  Der Ersatz durch „dieses“, „jenes“ oder „welches“ ist nicht möglich. (→ dass)

94 **Ersatzspieler.** Tausche in den folgenden Sätzen die Artikel bzw. Pronomen *das* durch die Pronomen *dieses, jenes* oder *welches* aus.

a Das (__________) ist ein schönes Kleid, das (__________) du heute trägst.
Das (__________) Blau steht dir sehr gut.

b Das (__________) Ziel, das (__________) ich mir gesetzt habe, werde ich bestimmt erreichen. Das (__________) nehme ich mir fest vor.

95 **Erfinder.** Ergänze jeweils einen Nebensatz, der mit der Konjunktion *dass* beginnt. Denke dir etwas aus.

a Ich freue mich, dass ____________________________.

b Wir hoffen, dass ____________________________.

c Es ist bekannt, dass ____________________________.

d Ich weiß, dass ______________________________.

e Es ist schön, dass ______________________________.

f Ich habe gehört, dass ______________________________.

96 **Konjunktion oder Relativpronomen?** Streiche jeweils das falsche Wort durch. Die Ersatzprobe hilft dir.

a Die Mutter holt ihr Kind ab, *das – dass* an der Bushaltestelle auf sie wartet.

b Er hat mir ein Angebot gemacht, *das – dass* ich nicht ablehnen kann.

c Marc entschuldigte sich bei Janne dafür, *das – dass* er sie beleidigt hatte.

d Der Kellner hat mein Essen, *das – dass* ich bestellt hatte, einfach vergessen.

e Stella hofft, *das – dass* sie doch noch zu Miriams Party eingeladen wird.

f Nachdem die Tür ins Schloss fiel, merkte er, *das – dass* er seinen Schlüssel vergessen hatte.

97 **Entscheidung.** Trage *das* oder *dass* ein und bestimme die Verwendungsweise: Artikel, Demonstrativpronomen, Relativpronomen oder Konjunktion?

dass oder das?	Verwendung
Die Lehrerin glaubt nicht, ________ Michelle krank ist.	
________ Glück ist heute ganz auf meiner Seite.	
Entschuldige bitte, ________ war eindeutig mein Fehler.	
Sie kauft sich von dem Geld, ________ übrig bleibt, ein Eis.	
Nach dem Unfall hat ________ Auto einen Totalschaden.	
Man merkt, ________ ihm die Arbeit großen Spaß macht.	
________ kannst du mir doch nicht antun!	
Ich freue mich auf ein heißes Bad, ________ mich wärmt.	

98 **dass oder das?** Setze das richtige Wort ein.

a _________ ist mit Abstand _________ spannendste Buch, _________ ich je gelesen habe. _________ musst du unbedingt lesen. Ich kann mir gut vorstellen, _________ es dir auch gefällt.

b Sascha hat in Deutsch schon wieder eine Zwei geschrieben? _________ ist ja unglaublich! Ich hätte nie gedacht, _________ er sich so steigert. Mit ein bisschen Glück wird _________ Zeugnis _________ beste, _________ er je hatte.

c Mit meinem Opa habe ich gewettet, _________ Bayern München wieder Deutscher Meister wird. Bei dem Vorsprung ist _________ so sicher wie _________ Amen in der Kirche. Aber mein Opa glaubt fest daran, _________ noch ein Wunder geschieht, _________ Dortmund zum Titel verhilft.

d Der Ausflug in _________ Spaßbad war cool. _________ unser Lehrer jeden Spaß mitmacht, hätten wir nicht gedacht. _________ war richtig witzig mit ihm! Jetzt hoffen wir alle, _________ wir _________ bald wiederholen.

10 Gleich oder ähnlich klingende Konsonanten

Im Deutschen gibt es einige Laute, die gleich klingen, aber mit unterschiedlichen Buchstaben geschrieben werden. Bei den Konsonanten **b/p**, **d/t** und **g/k** kann es manchmal zu Zweifeln kommen, denn am **Wortende** klingen auch die weichen Buchstaben b, d und g hart, also wie p, t und k. Das nennt man **Auslautverhärtung**.
Die richtige Schreibweise findest du mithilfe von zwei Strategien heraus, die du schon kennst: **Wortverlängerung** und **Wortfamilie**.

Auslautverhärtung (b/p, d/t, g/k)

Am Wort- bzw. Silbenende klingen die **weichen** Konsonanten **b**, **d** und **g** wie die **harten** Konsonanten **p**, **t** und **k**.

- **Verlängere** das Wort. Dadurch rutscht der letzte Buchstabe an den Anfang einer neuen Silbe und du kannst hören, welchen Buchstaben du schreiben musst.
  Nomen: Bilde den **Plural** (Mehrzahl).
  Beispiele: Hel**d** → Hel-**d**en *Konsonant wird weich → d*
  Wel**t** → Wel-**t**en *Konsonant bleibt hart → t*

  Adjektiv: **Steigere** das Adjektiv oder **ergänze ein Nomen**.
  Beispiele: gro**b** → grö-**b**er *Konsonant wird weich → b*
  plum**p** → plum-**p**er *Konsonant bleibt hart → p*

  Verb: Bilde den **Infinitiv** (Grundform).
  Beispiele: sie lo**g** → lü-**g**en *Konsonant wird weich → g*
  er tran**k** → trin-**k**en *Konsonant bleibt hart → k*

- Wenn eine Verlängerung nicht möglich ist, suchst du nach einem **verwandten Wort**, in dem der „kritische" Konsonant am Anfang einer Silbe steht.
  Beispiele: Schul**d** → schul-**d**ig *Konsonant wird weich → d*
  Mu**t** → mu-**t**ig *Konsonant bleibt hart → t*

99 **Hart oder weich?** Verlängere die Wörter, um zu hören, wie du sie schreibst.

a

b oder p?	verlängertes Wort	b oder p?	verlängertes Wort
Urlau___		sie star___	
er hu___t		Mikrosko___	
Kor___		plum___	
gro___		er glau___t	

b

d oder t?	verlängertes Wort
gesun___	
Bro___	
Bil___	
tausen___	

d oder t?	verlängertes Wort
Hu___	
lau___	
bun___	
Klei___	

c

g oder k?	verlängertes Wort
Ber___	
star___	
schrä___	
er tran___	

g oder k?	verlängertes Wort
klu___	
Fabri___	
sie flo___	
Schran___	

100 **Auslautverhärtung.** Verlängere die Wörter, um zu hören, welchen Buchstaben du einsetzen musst.

a **b oder p?**

- Der Vogel sitzt im Käfig auf seinem Sta____ und pie____t.
- Das Wasser, das aus dem Becken gepum____t wird, ist trü____.
- Für die Eins in Mathe ga____ es heute ein dickes Lo____ von der Mutter.
- Der Die_____ hat sich nach dem Rau_____überfall aus dem Stau_____ gemacht.

b **d oder t?**

- Italien ist für mich das schönste Lan____ auf der Wel____.
- Unser Schäferhun____ ist schon al____ und blin____.
- Am Aben____ und in der Nach____ wird es im Zel____ sehr kal____.
- Der Jäger fan____ das Wil____ im Mon____schein auf dem Fel____ am Wal____ran____.

c g oder k?

- Er den____t, der schwarze Anzu____ mache ihn schlan____.
- Mit ihrem verletzten Fußgelen____ hin____t sie den We____ entlang.
- Gestern la____ er noch kran____ im Bett, heute sprin____t er wieder durch die Gegend.
- Die Ohrringe, die Elisa trä____t, hat Dominik ihr zum Geburtsta g____ geschen____t.

101 **Richtig oder falsch?** Kreuze an. Finde zum Beweis eine Wortform, in der der „kritische" Konsonant jeweils am Silbenanfang steht.

	richtig	falsch	verwandtes Wort
Freun**d**schaft	☒	☐	Freun-de
Kle**p**stoff	☐	☐	
Wu**t**anfall	☐	☐	
sie**b**zehn	☐	☐	
Gedul**t**sfaden	☐	☐	
unglau**b**lich	☐	☐	
Gesun**d**heit	☐	☐	
Stau**b**sauger	☐	☐	
Schan**k**anlage	☐	☐	
Gol**t**münze	☐	☐	
Schrei**b**tisch	☐	☐	
erfol**k**reich	☐	☐	
Stin**g**tier	☐	☐	
San**d**haufen	☐	☐	
Par**g**platz	☐	☐	

Es gibt Wörter, die aufgrund der Auslautverhärtung genau gleich klingen, die aber unterschiedlich geschrieben werden. Um zu wissen, welche Schreibweise richtig ist, musst du die **Bedeutung** der Wörter kennen.

„Zwillings"-Wortpaare durch Auslautverhärtung

Einige Wörter bzw. Wortbausteine, die auf **d/t** enden, klingen gleich. Ihre **Bedeutung** entscheidet über die Schreibweise.

- **seid/seit?** Stammt das Wort vom Verb **sein** ab, schreibst du es mit **d**. Bezieht es sich auf eine **Zeitspanne**, musst du ein **t** setzen.
  Beispiel: Seit wann seid ihr im Urlaub?
- **Rad/Rat?** Mit **Rad** ist das **Fahrzeug** bzw. der **Reifen** gemeint. Der **Rat** bezeichnet dagegen eine **Versammlung** oder die **Beratung**.
  Beispiel: Ich will ein neues Rad kaufen, dazu brauche ich deinen Rat.
- **end-/ent-?** Die Silbe **end-** verwendest du, wenn das Wort mit dem Wortfeld **Ende** in Verbindung steht. Ansonsten setzt du die Silbe **ent-**, sie bedeutet meist so viel wie **weg** oder **fort**.
  Beispiel: Endlich ist meine entlaufene Katze wieder da.

102 **seid oder seit?** Unterstreiche jeweils das passende Wort.

a Ich warte schon *seid – seit* einer Stunde auf euch.

b Wo *seid – seit* ihr bloß gewesen?

c *Seid – Seit* ich dich kenne, geht es mir gut.

d Wir haben uns *seid – seit* Tagen nicht gesehen.

e *Seid – Seit* doch mal still!

f *Seid – Seit* wann *seid – seit* ihr ein Paar?

103 **Rad oder Rat?** Setze das fehlende Wort oder den fehlenden Wortteil ein.

a Guter __________ ist teuer.

b Ich fahre mit dem __________ zur Schule.

c Das Reserve__________ ist im Kofferraum.

d Darüber stimmt der Elternbei__________ ab.

e Auf die Zugspitze fährt eine Zahn__________bahn.

f Die Politiker stehen __________los vor dem Problem.

104 **Ankoppeln.** Verbinde die Güterwagen jeweils mit der passenden Lok und schreibe die Nomen noch einmal richtig daneben.

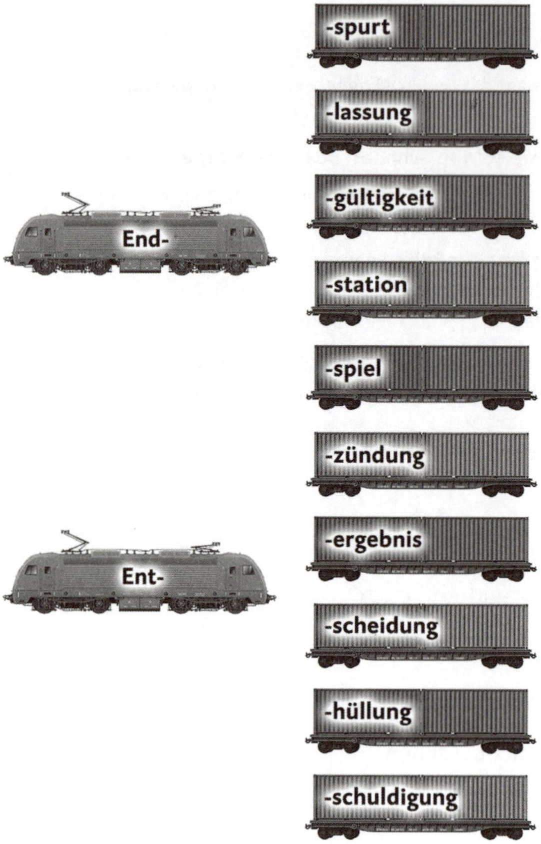

105 **end- oder ent-?** Setze die Silben in die Lücken ein. Achte dabei auf die richtige Groß- und Kleinschreibung.

a Ich hoffe, sein ________schluss ist nun ________gültig.

b Bei der Klassensprecherwahl hat Leni sich der Stimme ________halten.

c Die ________lagerung des radioaktiven Abfalls ist problematisch.

d Über den ________stand von 0 : 3 waren wir sehr ________täuscht.

e Er ________schuldigte sich, dass er das Geld ________wendet hatte.

f Wie kann ich dich ________lasten, damit du dich ________spannen kannst?

Vorsicht ist auch beim **Konsonanten v** geboten, denn er wird manchmal wie **f** gesprochen, er kann aber auch wie **w** klingen. Da dir hier keine Rechtschreibstrategien helfen, musst du dir die Wörter gut merken.

f, v oder w?

- Wenn du ein „**f**" hörst, schreibst du die meisten Wörter auch mit **f**.
  Beispiele: Freude, kaufen, Schlaf
- Es gibt aber auch einige Wörter mit **v**, die beim Sprechen wie „**f**" klingen.
  Beispiele: voll, Vogel, Nerv
- Als kleine Rechtschreibhilfe dienen dir die **Vorsilben ver-** und **vor-**. Bei ihnen kannst du dir sicher sein, dass sie mit **v** geschrieben werden.
  Beispiele: Er ist verärgert, weil sie mit großem Vorsprung gewonnen hat. *(→ Vorsilben)*
  aber: Das Essen ist fertig, es gibt Forelle. *(→ keine Vorsilben)*
- Achte auch auf den Bedeutungsunterschied bei dem Wortpaar **fiel – viel:** Stammt das Wort vom Verb **fallen** ab, schreibst du es mit **f**. Ist damit eine **große Anzahl** gemeint, musst du es mit **v** schreiben.
  Beispiel: Gestern fiel mir auf, dass ich für die Prüfung noch viel lernen muss.
- Manchmal wird das **v** auch wie ein „**w**" ausgesprochen. Meist handelt es sich bei diesen Wörtern um Fremdwörter aus einer anderen Sprache.
  Beispiele: Verb, vegetarisch, Konversation

106 **f oder v?** Setze die fehlenden Buchstaben ein. Achte auch auf die richtige Groß- und Kleinschreibung.

a Aus der _____erne hört man das Zwitschern der _____ögel.

b Der _____ahrer bremste _____or der Kur_____e schar_____ ab.

c Pepe wäre in der Prü_____ung _____ast _____erzwei_____elt.

d Mein _____ater hat den _____orderreifen meines _____ahrrads repariert.

e Nils hat seinen _____etter das letzte Mal _____or _____ier Jahren gesehen.

f Lotte holt sich aus dem Keller eine _____olle _____lasche _____ruchtsaft.

g Am _____reitag machen _____iele _____irmen schon _____rüher _____eierabend.

h Die _____erkäuferinnen in unserem Metzgerei_____achgeschäft sind alle sehr _____reundlich.

107 **ver-/vor- oder fer-/for-?** Prüfe, ob es sich um eine Vorsilbe handelt, dann fällt dir die Entscheidung leichter. Achte beim Einsetzen auch auf die richtige Groß- und Kleinschreibung.

a André ist bis über beide Ohren in Nina ________liebt.

b Die ________ien sind immer viel zu schnell ________über.

c Seit seiner ________letzung ist der Stürmer nicht mehr in ________m.

d Rike hat ________gessen, den ________nseher auszuschalten.

e Die Mitarbeiter ________dern ________geblich mehr Lohn.

f Wenn die ________fahrt nicht durch ________kehrszeichen geregelt ist, gilt die Regel „rechts vor links".

108 **fiel oder viel?** Streiche jeweils das falsche Wort durch.

a Jamilo hat wieder nicht *fiel – viel* für die Mathearbeit geübt.

b Mein Opa *fiel – viel* gestern von der Leiter.

c Ich möchte einmal *fiel – viel* Geld verdienen.

d Die Entscheidung *fiel – viel* mir nicht leicht.

109 **v oder w?** Setze die fehlenden Buchstaben ein. Achte auch auf die richtige Groß- und Kleinschreibung.

a In dieser _____illa _____ohnt ein _____eltstar.

b Aus dem _____ulkan fließt heiße La_____a.

c Bei der _____ahl legte er sein _____eto ein.

d Michael schreibt die neuen _____örter in sein _____okabelheft.

e Als Nachtisch gibt es _____anilleeis in der _____affel.

f In unserem _____ohnzimmer steht seit No_____ember ein Kla_____ier.

g Er hat vor lauter _____ut die _____ertvolle _____ase auf den Boden ge_____orfen.

h Letzte _____oche hat mich eine schlimme _____irusgrippe er_____ischt.

Auch bei bestimmten **Konsonantengruppen** lässt sich die Schreibweise nicht immer heraushören, weil sie gleich klingen.

x, chs, cks, ks oder gs?

Für den gesprochenen „**x**"-**Laut** gibt es fünf verschiedene Möglichkeiten. Am besten lernst du die Wörter auswendig.

Beispiele: Hexe – Lachs – Klecks – Keks – tagsüber

110 **Der x-Laut.** Unterstreiche alle Wörter mit einem gesprochenen x-Laut und ordne sie in der Tabelle entsprechend ihrer Schreibweise.

a Lennart geht in die sechste Klasse.

b Lilli ist mit dem Fahrrad unterwegs.

c Faris geht auch nachmittags zur Schule.

d Nora malt eindrucksvolle Bilder.

e Bei der Explosion des Öltanks gab es einen lauten Knall.

f An der nächsten Ecke musst du links abbiegen.

g Fremdwörter im Text schlägst du im Lexikon nach.

h Bei dem Volkswagen ist die Vorderachse gebrochen.

i Der Glückspilz ist vom Schicksal begünstigt.

x-Laut	gesuchte Wörter		
x			
chs			
cks			
ks			
gs			

Zwei Nachsilben erfordern besondere Aufmerksamkeit:

-lich oder -(l)ig?

Die Nachsilbe *-ig* wird in der Standardsprache wie *„ich"* ausgesprochen. Das verursacht vor allem dann Schwierigkeiten, wenn sie in Verbindung mit einem *l* auftritt. Dann besteht nämlich Verwechslungsgefahr mit der Nachsilbe *-lich*.

- Wörter auf *-lich* lassen sich auf einen **Wortstamm** zurückführen, der nicht auf *-l* endet. Bei einer **Wortverlängerung** bleibt das *-ch* erhalten.
  Beispiel: hand**lich** – Hand – hand**liche**
- Wörter auf *-lig* lassen sich auf einen **Wortstamm** zurückführen, der auf *-l* endet. Bei einer **Wortverlängerung** bleibt das *-g* erhalten.
  Beispiel: hei**lig** – Hei**l** – hei**lige**

111 **-lich oder -lig?** Streiche in jedem Satz die falsche Schreibweise durch und führe die beiden Proben Wortverlängerung und Wortstamm durch.

a Es ist so schön *friedlich* / ~~*friedlig*~~ im Winter.

▶ Verlängerung: der friedliche Winter ▶ Stamm: Friede

b Du gehst ja *stündlich* / *stündlig* auf die Toilette, Hansi!

▶ Verlängerung: ______________________ ▶ Stamm: __________

c Die Alte aus dem Vorderhaus geht ganz *bucklich* / *bucklig*.

▶ Verlängerung: ______________________ ▶ Stamm: __________

d Samiras Legoturm steht aber recht *wacklich* / *wacklig*.

▶ Verlängerung: ______________________ ▶ Stamm: __________

e Im *Wesentlichen* / *Wesentligen* bestehen Spätzle aus Eiern und Mehl.

▶ Verlängerung: ______________________ ▶ Stamm: __________

f Man kann dich auf dem Bild gar nicht richtig erkennen – so *pixelich* / *pixelig* ist es.

▶ Verlängerung: ______________________ ▶ Stamm: __________

g Dass man nach so einem Foul vom Platz fliegt, ist ja wohl mehr als *verständlich* / *verständlig* !

▶ Verlängerung: ______________________ ▶ Stamm: __________

h Tante Therese, ist dir etwa *schwindlich / schwindlig* ?

▶ Verlängerung: ______________________ ▶ Stamm: __________

i Wir sollten noch einmal ganz *gründlich / gründlig* suchen.

▶ Verlängerung: ______________________ ▶ Stamm: __________

j Spinnen sind *eklich / eklig* !

▶ Verlängerung: ______________________ ▶ Stamm: __________

Die Buchstabenverbindung *dt* ist im Deutschen recht selten. Dennoch solltest du über sie Bescheid wissen.

Wörter mit dt

Wörter mit der Schreibung *dt* kommen nicht häufig vor. Manchmal taucht diese Schreibung in zusammengesetzten Begriffen auf (z. B. Han**dt**uch, mil**dt**ätig). Hier geht es aber um einfache Wörter.

Beispiele: verwan**dt**, gewan**dt**, Sta**dt**, versan**dt**, gesan**dt**

112 **Qual der Wahl.** Wähle aus den vorgegebenen Wörtern mit *dt* aus und setze sie in passender Form in die Sätze ein.

verwandt – gewandt – Stadt – versandt – gesandt

a Ist dieses Mädchen etwa mit dir ______________________?

b Passau nennt man auch „die Dreiflüsse______________________".

c Der König schickte einen ______________________ zu seinem Fürsten.

d Das Schreiben der Staatsanwältin wurde bereits ______________________.

e Meine ______________________schaft geht mir gehörig auf die Nerven!

f Justin ist ganz schön rede______________________ für sein Alter.

g Als die Pest ausbrach, wurden alle ______________________tore geschlossen.

h Loredanas ______________________heit am Stufenbarren verblüfft alle.

i Die Bundesregierung ______________________ an alle Haushalte die Wahlzettel.

Bei **Fremdwörtern** können andere Konsonantenkombinationen vorkommen als bei deutschen Wörtern. Präge dir diese Wörter gut ein.

gh, ph, rh, th bei Fremdwörtern

- Bei zahlreichen Fremdwörtern bleibt die ursprüngliche Schreibweise mit **ph**, **rh**, **th** erhalten. Schlage im Zweifel im **Wörterbuch** nach.
  Beispiele: Stro**ph**e, **Rh**y**th**mus, **Th**eater
- Einige Fremdwörter mit **gh**, **ph**, **rh**, **th** wurden aber in ihrer Schreibweise „**eingedeutscht**“. Dann sind **zwei Schreibweisen** möglich.

Beispiele:	Spa**g**etti	*oder*	Spa**gh**etti
	Del**f**in	*oder*	Del**ph**in
	Kata**rr**	*oder*	Kata**rrh**
	Tunfisch	*oder*	**Th**unfisch

113 **Wortschatz.** Ordne die Fremdwörter richtig zu. Beachte: Bei diesen Wörtern ist nur eine Schreibweise möglich!

Alphabet Apotheke Bibliothek Mathematik Marathon Physik

a Dort kauft man Arzneimittel: ____________________

b Hier kannst du Bücher ausleihen: ____________________

c Man nennt es auch „das ABC“: ____________________

d In diesem Schulfach rechnet man: ____________________

e Langstreckenlauf über 42,195 km: ____________________

f Schulfach über Energie und Materie: ____________________

114 **Fremdwörter gesucht.** Hier verstecken sich waagerecht und senkrecht zehn Fremdwörter mit gh, ph, rh oder th. Finde sie und notiere sie in der Tabelle. Schreibe daneben auch ihre deutsche Schreibweise.

A	F	T	J	B	N	P	H	O	T	O	G	R	A	P	H	I	E	X	V	Q	M	R
V	G	E	O	G	R	A	P	H	I	E	M	S	P	A	G	H	E	T	T	I	U	F
R	C	B	G	R	S	R	B	A	Q	W	L	K	J	N	C	X	B	D	S	A	R	G
I	R	G	H	E	T	T	O	E	E	P	H	A	N	T	A	S	I	E	F	G	H	T
V	C	F	U	T	Z	Z	U	F	G	H	K	L	T	H	U	N	F	I	S	C	H	U
M	Y	R	R	H	E	A	W	I	K	Z	T	Z	V	E	Y	N	M	K	T	Z	U	R
U	I	H	T	N	D	F	R	W	K	A	T	A	R	R	H	U	Z	E	S	B	F	E

Fremdwort (mit gh, ph, rh, th)	deutsche Schreibweise

11 Gleich oder ähnlich klingende Vokale

Die **Vokale** a, **o** und **u** können in einem Wort zu den **Umlauten ä**, **ö** oder **ü** werden. Ein Schreibproblem gibt es nur beim Umlaut **ä**, weil er sich oft genauso anhört wie der Vokal **e**. Um zu prüfen, ob du **ä** oder **e** schreiben musst, kannst du wieder die bekannte Strategie mit der **Wortfamilie** anwenden.

ä oder e?

Die Buchstaben **ä** und **e** klingen beim Sprechen häufig gleich.

- Bilde die **Grundform**. Wenn du in der Grundform den Vokal **a** hörst, ist **ä** richtig. Bleibt der Laut **e** auch in der Grundform erhalten, schreibst du **e**.

  Nomen: Bilde den **Singular** (Einzahl).

  Beispiele: Wälder → Wald *Grundform mit a → ä*
  Felder → Feld *Grundform mit e → e*

  Adjektiv: Bei gesteigerten Adjektiven bildest du den **Positiv** (Grundstufe).

  Beispiele: stärker → stark *Grundform mit a → ä*
  netter → nett *Grundform mit e → e*

  Verb: Bilde den **Infinitiv** (Grundform).

  Beispiele: er schläft → schlafen *Grundform mit a → ä*
  sie stellt → stellen *Grundform mit e → e*

- Falls du von dem Wort keine Grundform bilden kannst, suchst du nach einem anderen Wort (dem Stammwort) aus der gleichen **Wortfamilie**, bei dem man die richtige Schreibweise hören kann.

  Beispiele: Bäcker → backen
  bärtig → Bart
  wählen → Wahl

- Es gibt jedoch einige Wörter mit **ä**, die du nicht ableiten kannst. Diese musst du **lernen**.

  Beispiele: Mädchen, sägen, Käse, spät

115 **Beweisaufnahme.** Zeige, dass die Wörter mit ä bzw. e geschrieben werden. Ergänze jeweils die Singularform (Einzahl) mit dem jeweiligen Artikel.

Plural	Singular
die Fälle	
die Länder	
die Nächte	
die Dächer	
die Nägel	
die Kräfte	
die Wälder	
die Fässer	
die Kästen	

Plural	Singular
die Felle	
die Sender	
die Spechte	
die Becher	
die Segel	
die Hefte	
die Felder	
die Messer	
die Westen	

116 **Gesteigert.** Bilde zu folgenden Adjektiven den Komparativ und den Superlativ. Achte auf die richtige Schreibweise bei den Buchstaben **ä** und **e**.

		Komparativ	Superlativ
a	lang	→ *länger*	→ *am längsten*
b	kalt	→ ______	→ ______
c	warm	→ ______	→ ______
d	schlecht	→ ______	→ ______
e	eng	→ ______	→ ______
f	hart	→ ______	→ ______
g	fett	→ ______	→ ______
h	alt	→ ______	→ ______
i	schwach	→ ______	→ ______

117 **Familienzusammenführung.** Finde verwandte Wörter aus der Wortfamilie und achte auf die richtige Schreibweise bei den Buchstaben **ä** und **e**.

Nomen	Verben	Adjektive
der Verdacht		
	lachen	
		hell
	verstecken	
die Sperre		
		qualvoll

118 **Rückverwandlung.** Setze die Verben in den Infinitiv (Grundform) zurück. So findest du heraus, ob du die gebeugten Verben mit **ä** oder **e** schreiben musst.

a Was h____ltst du von dem Vorschlag? → ____________

b Leo schl____ft am Wochenende sehr lang. → ____________

c Der Hund b____llt die Katze an. → ____________

d Der Apfel f____llt nicht weit vom Stamm. → ____________

e Ich w____tte, du kommst wieder zu spät. → ____________

f Ilka f____hrt in den Ferien zu ihrer Oma. → ____________

g Hast du dir seine Nummer gem____rkt? → ____________

h Carlos l____sst mich immer abschreiben. → ____________

i Vater m____ckert ständig an mir rum. → ____________

j Diana f____ngt morgen ihr Praktikum an. → ____________

119 **Verwandtschaftstreffen.** Ergänze die Cluster mit Wörtern aus derselben Wortfamilie. Markiere jeweils den Stammvokal.

a

b

120 **Wortfamilie.** Kreuze an, ob die folgenden Wörter richtig geschrieben sind. Finde zum Beweis ein verwandtes Wort derselben Wortfamilie.

	richtig	falsch	Beweiswort
Ernährung	☒	☐	Nahrung
Beschrenkung	☐	☐	
Schmutzwäsche	☐	☐	
Färtigstellung	☐	☐	
Weckruf	☐	☐	
Verlängerung	☐	☐	
Stechmücke	☐	☐	

Auch die Doppellaute **äu** und **eu** klingen gleich. Zur Unterscheidung hilft dir wieder die Suche nach **verwandten Wörtern**.

äu oder eu?

Um herauszufinden, ob ein Wort mit **äu** oder **eu** geschrieben wird, kannst du das **Stammprinzip** anwenden.

- Schreibt man die **Grundform**/das **Stammwort** mit **au**, kannst du sicher sein, dass die Schreibweise mit **äu** richtig ist. Findest du keine Form mit au, schreibst du in der Regel **eu**.

Beispiele:	Bäume	→	Baum	*Einzahl mit au → äu*
	Steuern	→	Steuer	*Einzahl mit eu → eu*
	träumen	→	Traum	*Grundform/Stamm mit au → äu*
	freuen	→	Freude	*Grundform/Stamm mit eu → eu*

- Es gibt jedoch auch einige Wörter mit **äu**, bei denen du kein verwandtes Wort findest. Merke sie dir.
  Beispiele: Säule, räuspern, Knäuel

121 **Großer Bruder.** Mit welchen Nomen sind die folgenden Verben verwandt? Notiere sie jeweils mit Artikel.

a räuchern
→ ______________________

b anfeuern
→ ______________________

c anfreunden
→ ______________________

d aufräumen
→ ______________________

e einzäunen
→ ______________________

f läuten
→ ______________________

g bereuen
→ ______________________

h täuschen
→ ______________________

122 **Stammwort.** Welches Grundwort steckt in den folgenden Wörtern? In Klammern findest du einen Hinweis darauf, zu welcher Wortart das gesuchte Wort gehört. Achte auf die richtige Groß- und Kleinschreibung.

a Gebäude → ______________________ (Verb)

b sich erkälten → ______________________ (Adjektiv)

c lästig → ______________________ (Nomen)

d Verkäuferin → ______________________ (Verb)

e häuslich → ______________________ (Nomen)

f Nässe → ______________________ (Adjektiv)

g gefärbt → ______________________ (Nomen)

h Gefängnis → ______________________ (Verb)

i anschwärzen → ______________________ (Adjektiv)

123 **ä/äu oder e/eu?** Setze die richtigen Buchstaben ein. Wenn du dir unsicher bist, suche nach den Grundwörtern.

a Der Br____tigam versprach seiner Liebsten ewige Tr____e.

b An den W____nden h____ngen t____re Bilder.

c Die B____ckereiverk____ferin l____chelt fr____ndlich.

d Die R____me in dem alten Gem____er sind bauf____llig.

e In W____ldern ist es grunds____tzlich verboten, F____er zu machen.

f Ich d____nke, dass ich deine St____rken und Schw____chen k____nne.

g H____te feiern wir mit all unseren Fr____nden ein F____st.

h Der Verein fr____te sich über die großzügigen Sp____nden der L____te.

Auch die beiden **Doppellaute ai** und **ei** sind am Klang nicht zu unterscheiden. Merke dir die Schreibweise der Wörter deshalb gut.

ai oder ei?

- Die meisten Wörter werden mit **ei** geschrieben.
  Beispiele: Geige, zeichnen, leise
- Es gibt nur wenige Wörter mit **ai**. Diese solltest du **auswendig** lernen.
  Beispiele: Mais, Hai, Kaiser, Mai, Taille, Detail, Laie, Kai, Laich, Main
- Bei „**Zwillingspaaren**“ musst du auf den **Bedeutungsunterschied** achten.
  Beispiele: Saite (z. B. bei Instrumenten) – Seite (z. B. im Buch)
  Waise (Kind ohne Eltern) – Weise (Art, Methode)
  Laib (z. B. Brot) – Leib (Körper)

124 **Aufgepasst.** Die Wörter bzw. Wortteile klingen gleich, unterscheiden sich aber in ihrer Schreibweise und Bedeutung. Trage die Buchstaben **ai** oder **ei** ein.

a **Laib/Leib?**

- ▶ Er hat einen großen L______b Käse gekauft.
- ▶ Für unser l______bliches Wohl ist gesorgt.
- ▶ Sie ist mit L______b und Seele bei der Arbeit.
- ▶ Kannst du bitte den Brotl______b anschneiden?

b **Saite/Seite?**

- ▶ Die S______ten der Harfe werden gezupft.
- ▶ Er schreibt ihr s______tenlange Liebesbriefe.
- ▶ Der Preis steht auf der Rücks______te der Verpackung.
- ▶ Bei meinem Tennisschläger sind die S______ten gerissen.

c **Waise/Weise?**

- ▶ Auf diese W______se kommst du sicher nicht ans Ziel.
- ▶ Der Pfarrer nahm sich der Witwen und W______sen an.
- ▶ Glücklicherw______se gab es keine Verletzten.
- ▶ Das Hilfsprojekt unterstützt ein W______senhaus.

125 **Ai gesucht.** Wenn du alle Wörter gefunden hast, erhältst du ein Lösungswort.

a	Findelkind							A	I			
b	Anfänger				A	I						
c	Fischeier							A	I			
d	Einzelheit							A	I			
e	Wonnemonat							A	I			
f	Raubfische (Mehrzahl)				A	I						
g	Hafenmauer					A	I					
h	Futterpflanze				A	I						
i	Bauchumfang							A	I			
j	Strang (Instrument)			A	I							
k	Herrscher		A	I								

Lösungswort: ______________________________

126 **ai oder ei?** Setze die richtigen Buchstaben ein.

a S_____n Hund w_____cht ihm nicht von der S_____te.

b Die G_____ge gehört zu den S_____teninstrumenten.

c Der M_____s wird an Schw_____ne verfüttert.

d Die Pr_____se für Getr_____de st_____gen.

e H_____ko f_____ert im M_____ Geburtstag.

f Mar_____ke trägt ein Kl_____d aus r_____ner S_____de.

g Die R_____se ist bis ins kl_____nste Det_____l geplant.

h Vor der Küste tr_____ben sich gefährliche H_____fische herum.

i Um eine schlanke T_____lle zu bekommen, ändert sie den Sp_____seplan.

j Der Rh_____n hat sechs Anr_____nerstaaten. W_____ßt du, welche?

12 Rechtschreibtest zu Vokalen und Konsonanten

127 **Klassenfahrt.** Schreibe den Text nach Diktat auf (→ Heft). Überarbeite ihn anschließend mithilfe der gelernten Rechtschreibstrategien:

- Trenne das Wort nach Silben.
- Achte auf die Länge des Vokals.
- Verlängere das Wort.
- Suche nach einem verwandten Wort.

Hinweis: Der Diktattext ist im Lösungsteil abgedruckt. Lass ihn dir zum Beispiel von deinen Eltern vorlesen.

128 **Strategie.** Welche Methode eignet sich am besten, um die Rechtschreibung an den gekennzeichneten Stellen zu überprüfen? Markiere jeweils den Buchstaben.

das Lie**d**	Ich achte auf die Länge des Vokals.	G
	Ich verlängere das Wort.	T
	Ich bilde die Grundform und trenne nach Silben.	U
äußerlich	Ich suche ein verwandtes Wort.	A
	Ich trenne das Wort nach Silben.	N
	Ich achte auf die Länge des Vokals.	O
dru**ck**en	Ich trenne das Wort nach Silben.	T
	Ich achte auf die Länge des Vokals.	K
	Ich suche ein verwandtes Wort.	V
die G**ä**rten	Ich trenne das Wort nach Silben.	M
	Ich achte auf die Länge des Vokals.	E
	Ich bilde die Grundform.	T
das Re**h**	Ich verlängere das Wort und trenne nach Silben.	I
	Ich achte auf die Länge des Vokals.	P
	Ich suche ein verwandtes Wort.	U
sie ho**ff**t	Ich achte auf die Länge des Vokals.	R
	Ich bilde die Grundform und trenne nach Silben.	K
	Ich suche ein verwandtes Wort.	N

Die Lösungsbuchstaben ergeben ein anderes Wort für Strategie: ____________

129 **Schau genau.** Nur ein Satz ist völlig richtig geschrieben. Kreuze ihn an.

- ☐ Dass die Kinder plözlich so leiße sind, komt im verdechtig vor.
- ☐ Das die Kinder plötzlich so leise sint, komt im verdächtig for.
- ☐ Das die Kinder plözlich so laise sind, kommt ihm verdechtig for.
- ☐ Dass die Kinder plötzlich so leise sind, kommt ihm verdächtig vor.

130 **Familienähnlichkeiten.** Unterstreiche in den folgenden Wortgruppen jeweils die Familienbesonderheiten, die du dir gut einprägen musst.

a gewinnen, Gewinn, Gewinner

b gehen, begehbar, Gehsteig

c siegen, siegreich, Sieger

d Platz, platzieren, platzsparend

e Ruhm, rühmen, berühmt

f Staat, staatlich, verstaatlichen

g Nerv, nerven, genervt

h Gruß, grüßen, Begrüßung

131 **Doppelstrategie.** Kreuze jeweils die richtige Schreibweise an. Notiere daneben, welche der folgenden Regeln du anwenden musst. Es sind immer zwei.

- Ich achte auf die Länge des Vokals.
- Ich verlängere das Wort.
- Ich trenne nach Silben.
- Ich beachte die l-m-n-r-Regel.

a
- ☐ süs
- ☐ süß
- ☐ süss

Strategien: ____________________

____

b
- ☐ das Schaf
- ☐ das Schaff
- ☐ das Schahf

Strategien: ____________________

____

c
- ☐ fro
- ☐ froh
- ☐ froo

Strategien: ____________________

____

d
- ☐ der Zug
- ☐ der Zuk
- ☐ der Zuck

Strategien: ____________________

____

132 **Schema.** Diese Übersicht hilft dir bei der Schreibung des richtigen s-Lautes. Fülle die Lücken.

a kurzer Vokal + scharfer s-Laut → ______

b langer Vokal + ______ → Schreibweise mit ß

c ______ + weicher s-Laut → ______

133 **Beweiswort.** In den folgenden Sätzen ist jeweils ein Wort falsch geschrieben. Streiche es durch und korrigiere es. Schreibe daneben auf, mit welchem Wort du die richtige Schreibweise beweisen kannst.

a Er denkt, der Stein brinkt ihm Glück.

→ richtig: ______ → Beweis: ______

b Das Kind rennt gegen die Want.

→ richtig: ______ → Beweis: ______

c Die Bäume verlieren im Herbst ihre Bletter.

→ richtig: ______ → Beweis: ______

d Der Hund zieht engstlich den Schwanz ein.

→ richtig: ______ → Beweis: ______

134 **Mut zum Risiko.** Im folgenden Text sind acht Wörter falsch geschrieben. Streiche sie durch und schreibe sie fehlerfrei auf.

„Wer nicht wagt, der nicht gewint." So lautet ein geleufiges Sprichwort. Es besakt, das man sich nicht immer gleich abschreken lassen darf. Manchmal muss man den ersten Schrit wagen und sich etwas trauen, um Erfolk zu haben und seine Zile zu erreichen.

▸ ______ ▸ ______

▸ ______ ▸ ______

▸ ______ ▸ ______

▸ ______ ▸ ______

Getrennt- und Zusammenschreibung

Feuerwehrrettungshubschraubernotlandeplatz

Zusammengesetzte Nomen schreibt man im Allgemeinen zusammen. Bei anderen Verbindungen – vor allem mit Verben oder Adjektiven – sind die Regeln zur **Getrennt- und Zusammenschreibung** nicht immer ganz einfach und eindeutig. Damit du den richtigen Durchblick bekommst, solltest du dir diese beiden **Grundregeln** gut einprägen:

- Zwei benachbarte Wörter schreibt man getrennt, wenn jedes Wort seine eigene Bedeutung hat.
- Haben sie gemeinsam nur eine Bedeutung, schreibt man sie zusammen.

13 Verbindungen mit Nomen

Zusammengesetzte Nomen schreibt man in der Regel **zusammen**.

Zusammengesetzte Nomen

- **Nomen + Nomen**
  Die Verbindung zweier Nomen schreibt man zusammen.
  Beispiele: Haustier, Handball, Ofenkartoffel
- **Adjektiv** (Grundform) **+ Nomen**
  Die Verbindung zwischen Adjektiv und Nomen schreibst du zusammen, wenn das Adjektiv in der Grundform vorangestellt ist. Ist das Adjektiv gebeugt, musst du sie getrennt schreiben.
  Beispiele: Spitzhacke, Buntspecht, Schwergewicht
  aber: die spitze Hacke, ein bunter Specht, ein schweres Gewicht
- **Verb** (Stamm) **+ Nomen**
  Wenn dem Nomen ein Verbstamm vorangestellt ist, schreibst du zusammen.
  Beispiele: Schwimmbecken, Kaugummi, Schreibtisch

135 **Eine Sache – ein Wort!** Du schreibst die Wörter getrennt, wenn jedes Wort seine eigene Bedeutung hat. Wenn es sich aber nur um eine Sache handelt, schreibst du auch nur ein Wort. Setze die Wörter entsprechend ein.

a *Haus + Aufgaben*

Birgit hat alle ____________________ im ____________________ erledigt.

Elias muss für morgen noch seine ____________________ machen.

b *Tisch + Beine*

Uli streckt seine ____________________ unter den ____________________.

Die ____________________ lassen sich in der Höhe verstellen.

c *Fuß + Ball*

Sonja tritt mit ihrem ____________________ gegen den ____________________.

Tobias spielt sehr gut ____________________.

d *Musik + Anlage*

Aus der ____________________ dröhnt laute ____________________.

Gina bringt ihre ____________________ zur Reparatur.

136 **Wortbestandteile.** Zerlege die zusammengesetzten Wörter in ihre einzelnen Bestandteile. Schreibe jeweils die Wortart dahinter.

a	Esstisch	→ essen (Verb)	+	der Tisch (Nomen)
b	Fertiggericht	→ ______	+	______
c	Modetrend	→ ______	+	______
d	Schwimmbad	→ ______	+	______
e	Blaulicht	→ ______	+	______
f	Naturpark	→ ______	+	______
g	Sparschwein	→ ______	+	______
h	Privatleben	→ ______	+	______
i	Sportverein	→ ______	+	______

137 **Spielbericht.** Unterstreiche alle zusammengesetzten Nomen im Text.

Was für ein Fußballkrimi! Diesen Spieltag wird man weder beim 1. FC Köln noch bei Bayern München so schnell vergessen. Die Kölner fuhren in der Rückrunde der Bundesliga einen spektakulären Heimsieg ein, obwohl die Bayern bereits als sichere Sieger in der Domstadt galten.

Der Rekordmeister dominierte lange Zeit das Spiel und war überwiegend im Ballbesitz. Zur Halbzeitpause führten die Bayern mit 2:0, der Sieg schien nur mehr eine Formsache zu sein. Doch in der zweiten Spielhälfte schlugen die Rheinländer zurück und gewannen noch mit 3:2. Während Bayern den Meistertitel nun endgültig abhaken kann, verlässt Köln die Abstiegszone.

138 **Sportarten.** Bilde zu den Sportarten jeweils fünf zusammengesetzte Nomen. Verwende jedes Wort aus dem Kasten nur einmal.

> Abfahrt – Anzug – Ball – Bein – Brille – Fahrer – Fläche – Gabel – Lift – Lokal – Match – Musik – Platz – Profi – Rennen – Schläger – Schritt – Spieler – Stöcke – Weg

a

Rad-

- ▶ ____________________
- ▶ ____________________
- ▶ ____________________
- ▶ ____________________
- ▶ ____________________

b

Ski-

- ▶ ____________________
- ▶ ____________________
- ▶ ____________________
- ▶ ____________________
- ▶ ____________________

c

Tennis-

- ▶ ____________________
- ▶ ____________________
- ▶ ____________________
- ▶ ____________________
- ▶ ____________________

d

Tanz-

- ▶ ____________________
- ▶ ____________________
- ▶ ____________________
- ▶ ____________________
- ▶ ____________________

Beim Zusammensetzen von Wörtern können manchmal auch mehrere gleiche Buchstaben aufeinandertreffen.

Buchstabenhäufung

- Wenn man Wörter aus verschiedenen Bestandteilen zusammensetzt, darf **kein Buchstabe verloren gehen**, auch wenn es manchmal komisch aussieht.

Beispiele:	Topfpflanze, Schifffahrt, Fußsohle	*Wort + Wort*
	Verrat, Auffahrt, Mittäter	*Vorsilbe + Wort*
	Frechheit, Betreuung	*Wort + Nachsilbe*

- Bei einigen zusammengesetzten Wörtern werden zwischen den Wortgrenzen **Fugen-Buchstaben** (meist **s/es**, **e** oder **n/en**) eingefügt.

Beispiele:	Schaf + Käse	→ Schafskäse	Freund + Kreis	→ Freundeskreis
	Hund + Leine	→ Hundeleine	Klasse + Fahrt	→ Klassenfahrt

139 **Rechtschreibengel oder Fehlerteufel?** Ordne die Wörter entsprechend zu. Schreibe die falschen Wörter noch einmal richtig auf.

Festag
Druckknopf
Hauschuhe
Fensterrahmen
Fettropfen
Preischild
Brieffreund
Reiserlebnis

140 **Fugenbuchstaben.** Setze die Nomen zusammen und notiere sie mit Artikel.

a die Sonne + die Blume → ______

b das Glück + das Spiel → ______

c die Liebe + das Lied → ______

d der Held + die Tat → ______

e die Marke + der Name → ______

f die Maus + die Falle → ______

Zusammengesetzte Nomen kann man auch mit einem **Bindestrich** schreiben.

Schreibung mit Bindestrich

- Die Bindestrich-Schreibung bietet sich vor allem dort an, wo **drei gleiche Vokale** oder **Konsonanten** aufeinandertreffen.
  Beispiele: Kaffeeernte → Kaffee-Ernte
  Betttuch → Bett-Tuch
- Auch in unübersichtlichen Zusammensetzungen kann man einen Bindestrich setzen. Dabei sollte der Bindestrich die **Grenze** zwischen den **Hauptbestandteilen** sein.
  Beispiel: Fernsehprogrammzeitschrift → Fernsehprogramm-Zeitschrift

141 **Dreierpack.** Untergliedere die folgenden Zusammenfügungen an der passenden Stelle jeweils durch einen Bindestrich.

a Schlussstrich ______________________

b Teeei ______________________

c Schwimmmeisterschaft ______________________

d Seeelefant ______________________

e Balletttänzerin ______________________

f Hawaiiinseln ______________________

142 **Haupt-Trennfuge.** Markiere jeweils die Grenze zwischen den Hauptbestandteilen der zusammengesetzten Nomen durch einen Bindestrich.

a Basketballkorb ______________________

b Mehrwegverpackung ______________________

c Festnetzanschluss ______________________

d Lottoannahmestelle ______________________

e Fußballweltmeisterschaft ______________________

f Güterzugfahrplan ______________________

14 Verbindungen mit Verben

Treffen **zwei Verben** aufeinander, ist der Fall einfach: Sie werden im Allgemeinen **getrennt** geschrieben.

Verb + Verb

- Trifft ein Verb im Infinitiv (Grundform) auf ein anderes Verb, schreibst du sie **grundsätzlich getrennt**.
  Beispiele: Lass uns am Sonntag schwimmen gehen.
  Heute Morgen habe ich die Vögel singen gehört.
- Bei Verbindungen mit den Verben **bleiben** oder **lassen** ist bei **übertragener Bedeutung** auch Zusammenschreibung möglich.
  Beispiele: Du kannst ruhig sitzen bleiben, ich nehme einen anderen Stuhl.
  wörtliche Bedeutung → nur Getrenntschreibung möglich
  Du wirst am Ende des Schuljahres sitzen bleiben / sitzenbleiben
  übertragene Bedeutung → Getrennt- und Zusammenschreibung möglich
- Wird die Verbindung zweier Verben **als Nomen verwendet**, schreibst du sie **groß** und **zusammen**. Eine **Nominalisierung** erkennst du meist an ihrem Begleiter (→ vgl. Kapitel zur Groß- und Kleinschreibung).
  Beispiel: Soll das Sitzenbleiben in der Schule abgeschafft werden?

143 **Verb-Doppel.** Setze die Verben aus dem Kasten richtig in die Lücken ein.

besuchen – einkaufen – lösen – spazieren – tanzen – teilen – tragen

a Tante Helga wird uns morgen ______________________ kommen.

b Wollen wir bei dem schönen Wetter nicht ______________________ gehen?

c Wo hast du so gut ______________________ gelernt?

d Bettina hat die Aufgaben nicht ______________________ können.

e Auf der Klassenfahrt werden wir uns ein Zimmer ______________________ müssen.

f Kannst du mit ______________ fahren und mir ______________ helfen?

144 **Der feine Unterschied.** Welche Verben sind wörtlich und welche sind im übertragenen Sinn zu verstehen? Wenn nur eine Schreibweise möglich ist, streiche die falsche durch.

a Er hat den Schlüssel im Schloss *stecken lassen / steckenlassen.*
Ich bezahle heute. Ihr könnt also euer Geld *stecken lassen / steckenlassen.*

b Samy ist krank, er muss im Bett *liegen bleiben / liegenbleiben.*
Die Arbeit muss heute *liegen bleiben / liegenbleiben.*

c Die Braut will die Hochzeit *platzen lassen / platzenlassen.*
Die Kinder haben die Luftballons *platzen lassen / platzenlassen.*

d Der Präsident ist mitten in seiner Rede *stecken geblieben / steckengeblieben.*
Das Auto ist im Schnee *stecken geblieben / steckengeblieben.*

e Ich habe die Wäsche draußen *hängen lassen / hängenlassen.*
Du kannst mich jetzt unmöglich *hängen lassen / hängenlassen.*

f Die Uhr ist um elf Uhr *stehen geblieben / stehengeblieben.*
Das Mädchen ist an der roten Ampel *stehen geblieben / stehengeblieben.*

g An meinem Geburtstag werde ich eine Party *steigen lassen / steigenlassen.*
Der Wind ist gut, wir können den Drachen *steigen lassen / steigenlassen.*

145 **Nominalisierte Zusammensetzungen.** Füge die passenden Verben zusammen und verwende sie als Nomen. Achte auch auf die Großschreibung.

a Beim ______________________ kann ich am besten nachdenken.

b Ich freue mich schon auf unser ______________________.

c Caro bringt ihrem Hund das ______________________ bei.

d Das ______________________ fällt Thomas schwer.

Auch die Verbindung aus einem **Nomen** und einem **Verb** wird in der Regel **getrennt** geschrieben.

Eigenständiges Nomen + Verb

- Verbindungen aus Nomen und Verben schreibst du **getrennt**, wenn das Nomen seine **eigenständige Bedeutung** behält.
  Beispiele: Auto fahren, Eis essen, Schuhe putzen
- Als **Nominalisierung** schreibst du die Verbindung aus Nomen und Verb aber **zusammen**. Du erkennst sie meist an ihrem Begleiter (→ vgl. Kapitel zur Groß- und Kleinschreibung).
  Beispiele: das Autofahren, zum Eisessen, beim Schuheputzen

146 **Eigenständige Nomen.** Trage in die Lücken jeweils ein Nomen aus dem Kasten ein, das zu dem Verb passt.

Blumen – Fragen – Fußball – Glück – Hilfe – Kaffee – Kuchen – Lärm – Rad – Rücksicht – Schlange – Schlittschuh – Teppich – Tisch

a ______ fahren
b ______ backen
c ______ kochen
d ______ bringen
e ______ leisten
f ______ gießen
g ______ laufen
h ______ stellen
i ______ klopfen
j ______ decken
k ______ machen
l ______ stehen
m ______ spielen
n ______ nehmen

147 **Nominalisierte Verbindungen.** Suche dir aus Aufgabe 142 vier Wortgruppen aus. Bilde damit Sätze mit Nominalisierungen, wie im Beispiel vorgegeben.
Beispiel: Beim Radfahren darf man nicht mit dem Handy telefonieren.

▸ ______

▸ ______

▸ ______

▸ ______

Ist das **Nomen verblasst**, schreibt man die Verbindung **zusammen**.

Verblasstes Nomen + Verb

- Wenn das **Nomen** seine **eigenständige Bedeutung verloren** hat, schreibt man die Verbindung aus Nomen und Verb **klein** und **zusammen**.
  Beispiel: Wegen des schlechten Wetters wird das Rennen nicht stattfinden.
  Das Nomen „Stätte" ist nicht mehr als eigenes Wort erkennbar.
- Unterscheide bei den Zusammensetzungen in untrennbare und trennbare: **Untrennbare** Zusammensetzungen werden **immer zusammengeschrieben**. Bei **trennbaren** Verbindungen schreibt man **nur bestimmte Verbformen** zusammen.
  Beispiele: Das Flugzeug muss notlanden. Es notlandet auf dem Feld. → *untrennbar*
  Wenn du heimfahren willst, dann fahren wir jetzt heim. → *trennbar*

148 **Verblasst.** Hier haben die Nomen ihre eigenständige Bedeutung verloren, sie verschmelzen mit dem Verb. Füge jeweils das passende Wort aus dem Kasten in die Lücken ein.

fehlschlagen – heimbringen – leidtun – stattgeben – teilnehmen – wettmachen

a Der Richter wird dem Antrag der Verteidigung ____________________.

b Florians Eltern lassen ihn nicht am Judokurs ____________________.

c Jessie lernt viel, weil sie ihre Fünf in Mathe ____________________ will.

d Ist dir nicht wohl? Soll ich dich nicht besser ____________________?

e So eine Frechheit! Dein Verhalten wird dir noch ____________________!

f Sollte mein Plan ____________________, habe ich noch eine Idee auf Lager.

149 **Getrennt oder zusammen?** Entscheide, welche Schreibweise richtig ist. Achte darauf, ob das Nomen seine eigenständige Bedeutung bewahrt oder verloren hat.

a KOFFER + PACKEN

Nico fliegt morgen in den Urlaub, er muss noch ____________________.

b TEIL + HABEN

Was ist so lustig? Lass mich an deiner Freude ____________________.

c SCHLUSS + FOLGERN

Ihr Zeugnis lässt ________________, dass sie eine faule Schülerin ist.

d ANTWORT + GEBEN

Auf deine Frage kann ich dir keine ________________.

e SCHLANGE + STEHEN

Vor der Kinokasse müssen wir ________________.

f HAND + HABEN

Durch das geringe Gewicht lässt sich das Gerät leicht ________________.

g MUSIK + HÖREN

Mit fast jedem Handy kann man unterwegs ________________.

h SCHLAF + WANDELN

Manche Kinder merken nicht, dass sie ________________.

i HEIM + ZAHLEN

Deine Bosheiten werde ich dir ________________.

j MAß + REGELN

Wenn die Schüler Unsinn treiben, muss der Lehrer sie ________________.

150 **Trennbare Zusammensetzungen.** Ergänze die Tabelle. Beachte, dass die Verben im Infinitiv und im Perfekt zusammengeschrieben werden.

Infinitiv	Präsens	Perfekt
eislaufen	ich laufe eis	ich bin eisgelaufen
	du hältst stand	du
	er tut kund	er
	wir kommen heim	wir
	ihr gebt preis	ihr
	sie nehmen teil	sie

Trifft ein **Adjektiv** auf ein **Verb**, musst du gut aufpassen. Im Allgemeinen schreibst du die Verbindung **getrennt**, aber es gibt auch Ausnahmen.

Adjektiv + Verb

- Die Verbindung aus Adjektiv und Verb schreibst du **in der Regel getrennt**. Meist lässt sich das Adjektiv dann auch erweitern.
  Beispiele: laut singen, schnell sprechen, heiß baden
  sehr laut singen, schneller sprechen, zu heiß baden
- Verbindungen mit dem Verb ***sein*** werden **immer getrennt** geschrieben.
  Beispiele: fertig sein, glücklich sein, frei sein, krank sein
- **Partizipien**, die wie Adjektive verwendet werden, schreibst du in der Regel ebenfalls **getrennt** vom Verb.
  Beispiele: rasend werden, schweigend beobachten,
  getrennt schreiben, gefangen nehmen
- Ergibt die Verbindung aus Adjektiv und Verb aber eine **neue, übertragene Gesamtbedeutung**, schreibst du sie **zusammen**.
  Beispiele: lahmlegen, satthaben, schwarzarbeiten, krankschreiben
- Wenn ein Adjektiv das **Ergebnis einer Handlung** bezeichnet, kann man es mit dem entsprechenden Verb **zusammen oder auch getrennt** von ihm schreiben.
  Beispiele: Gemüse klein schneiden/kleinschneiden, die Vase kaputt machen/kaputtmachen, ein Brett glatt hobeln/glatthobeln
  Wird dieses Adjektiv jedoch **erweitert**, ist **Getrenntschreibung** Pflicht.
  Beispiele: Gemüse kleiner schneiden, die Vase total kaputt machen,
  ein Brett spiegelglatt hobeln

151 **Getrennt schreiben.** Setze in die Lücken der folgenden Sätze ein passendes Adjektiv oder Partizip aus dem Kasten ein.

auswendig, ernst, gefangen, geheim, geschenkt, gesund, laut

a Vanessa möchte sich ______________________ ernähren.

b Du solltest die Warnung ______________________ nehmen.

c In Deutsch müssen wir ein Gedicht ______________________ lernen.

d Die Geiseln werden seit Monaten ______________________ gehalten.

e Mutter schimpft, wenn ich die Musik ______________________ aufdrehe.

f Tarek hat zum Geburtstag ein Fahrrad ______________________ bekommen.

g Die Regierung will die Informationen ______________________ halten.

152 **Übertragen?** Unterstreiche jeweils die richtige Schreibweise.

a Der Bauherr lässt auf der Baustelle *schwarz arbeiten / schwarzarbeiten.*

b Um schlank zu wirken, musst du dich *schwarz kleiden / schwarzkleiden.*

c Von der kleinen Portion kannst du doch unmöglich *satt sein / sattsein.*

d Ich gehe nach Hause, weil ich das Warten *satt habe / satthabe.*

153 **Pflichten.** Bilde Sätze mit „muss", indem du die vorgegebenen Bausteine zu sinnvollen Sätzen verbindest. Achte dabei auf die Getrennt- und Zusammenschreibung.

a Doris – Küche – blitzblank – putzen

b Matze – Hamsterkäfig – sauber – machen

c Mutti – Eier – weich – kochen

d Vati – Steak – ganz weich – klopfen

Manchmal gibt es auch Getrennt- **und** Zusammenschreibung. Dann zeigen dir die **Bedeutung** und die **Betonung**, wie du die Wörter schreiben musst.

Bedeutungs- und Betonungsprobe

Zwei Proben helfen dir, um zu erkennen, ob du ein Adjektiv und ein Verb zusammen- oder getrennt schreibst:

- **Bedeutungsprobe:** Die Verbindung aus einem Adjektiv und einem Verb wird getrennt geschrieben, wenn das Adjektiv seine **wörtliche Bedeutung** behält. Entsteht ein neuer Ausdruck mit **übertragener Bedeutung**, schreibst du die Wörter zusammen.
  Beispiele: Meine Oma ist auf der Treppe schwer gefallen.
  schwer fallen = schlimm fallen (wörtlich) → Getrenntschreibung
  Mathematik ist mir schon immer schwergefallen.
  schwerfallen = Probleme bereiten (übertragen) → Zusammenschreibung
- **Betonungsprobe:** Wenn man **beide Wörter** gleich stark betont, schreibst du sie getrennt. Betont man **nur das erste Wort**, schreibst du sie zusammen.
  Beispiele: Der Schüler hat bei seinem Referat frei gesprochen.
  Die Betonung liegt auf beiden Wörtern. → Getrenntschreibung
  Der Richter hat den Angeklagten freigesprochen.
  Die Betonung liegt nur auf dem ersten Wort. → Zusammenschreibung

154 **Wie ist es gemeint?** Die Bedeutungs- und Betonungsproben helfen dir. Entscheide dich dann für Getrennt- oder Zusammenschreibung.

a *leicht + fallen*

Es deutet sich an, dass die Aktienkurse ______________________ werden.

Bei guter Vorbereitung wird dir die Prüfung ______________________.

b *gut + schreiben*

Aufsätze kann Luca sehr ______________________.

Den Betrag werden wir Ihrem Konto ______________________.

c *fest + nehmen*

Die Polizei konnte den Bankräuber bereits ______________________.

Lass nicht los! Du musst das Seil ______________________.

d *schief + gehen*

Die Sache darf einfach nicht ______________________.

An ihren Spuren sieht man, dass sie ganz ______________________.

e *klein + schreiben*

Adjektive und Verben musst du ______________________.

Wenn sie den Text so ______________________

______________________, brauche ich

zum Lesen eine Lupe.

Wenn **Verben** mit **Adverbien** (Umstandswörtern) oder **Präpositionen** (Verhältniswörtern) Verbindungen eingehen, schreibst du sie meistens **zusammen**.

Adverb/Präposition + Verb

- Die Verbindung aus Adverb/Präposition und Verb schreibst du **im Allgemeinen zusammen**.
  Beispiele: aufsteigen, beisammensitzen, entlanglaufen, herbeiführen, vorspielen
- Verbindungen mit dem Verb **sein** werden **immer getrennt** geschrieben.
  Beispiele: aus sein, beisammen sein, dabei sein, vorbei sein, zurück sein
- Unterscheide zwischen **untrennbaren** und **trennbaren Zusammensetzungen**, die **immer** oder **nur bei bestimmten Verbformen** zusammengeschrieben werden.
  Beispiele: unterschreiben: Er unterschreibt den Vertrag. → *untrennbar*
  zurückfahren: Sie fährt mit dem Zug zurück. → *trennbar*

155 **Ankuppeln.** Bilde aus den Wortteilen so viele Wörter wie möglich.

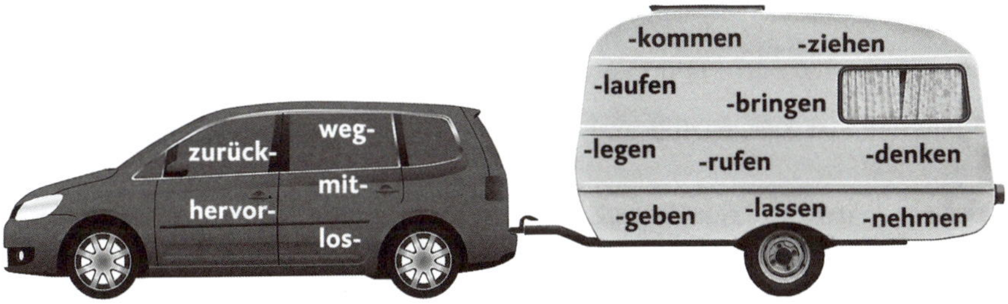

156 **Sein oder Nichtsein?** Streiche die falsche Schreibweise jeweils durch.

- **a** Sie werden bald von ihrer Reise *zurück sein / zurücksein.*
- **b** Sie werden nächste Woche *zurück kommen / zurückkommen.*
- **c** Das Gewitter dürfte schnell *vorbei sein / vorbeisein.*
- **d** Kannst du schnell bei mir *vorbei kommen / vorbeikommen*?
- **e** Sie will für immer mit ihm *zusammen bleiben / zusammenbleiben.*
- **f** Er möchte sein Leben lang mit ihr *zusammen sein / zusammensein.*
- **g** Er ist den ganzen Tag *da geblieben / dageblieben.*
- **h** Er ist an einem anderen Tag schon einmal *da gewesen / dagewesen.*
- **i** Das Theater müsste schon längst *aus sein / aussein.*
- **j** Sie wird ihre Bilder in der Galerie *aus stellen / ausstellen.*
- **k** Lasst uns nach dem Sport gemütlich *beisammen sitzen / beisammensitzen*!
- **l** Am liebsten würde ich immer mit dir *beisammen sein / beisammensein.*

157 **Trennbare und untrennbare Zusammensetzungen.** Ergänze die Tabelle. Beachte: Bei manchen Verben werden einige Zeitformen getrennt geschrieben.

Infinitiv	Präsens	Perfekt
zusammenfassen	ich fasse zusammen	ich
	du	du hast überholt
	er widerspricht	er
unterbrechen	wir	wir
nachprüfen	ihr	ihr
	sie	sie sind zurechtgekommen

Auch hier gibt es Wortverbindungen, die je nach **Bedeutung** und **Betonung** unterschiedlich geschrieben werden.

Unterschiedliche Bedeutung und/oder Betonung

- Liegt die **Betonung nur** auf dem **ersten Wort**, schreibst du die Verbindung **zusammen**. Liegt die Betonung **auch** auf dem **Verb**, schreibst du die Wörter **getrennt**.
  Beispiele: In diese Einfahrt muss man rückwärtsfahren.
  Die Betonung liegt nur auf dem ersten Wort. → *Zusammenschreibung*
  Herr Schmitt kann nicht rückwärts einparken.
  Die Betonung liegt auf beiden Wörtern. → *Getrenntschreibung*
- Einige Wortverbindungen **ändern ihre Bedeutung**, je nachdem, ob du sie getrennt oder zusammenschreibst. Achte auch hier auf die unterschiedliche Betonung.
  Beispiele: Du musst dich mit dem Problem auseinandersetzen.
  sich auseinandersetzen mit = sich befassen mit → *Zusammenschreibung*
  Der Lehrer will uns auseinander setzen.
  auseinander setzen = verteilen → *Getrenntschreibung*
- Bestimmte Zusammensetzungen können entweder untrennbar oder trennbar sein. Dies hängt von ihrer **Bedeutung** und ihrer **Betonung** ab. Wird das **Verb** betont, ist die Verbindung **untrennbar**. Liegt die Betonung auf dem **ersten Bestandteil**, ist sie **trennbar**.
  Beispiele: durchbrechen: Er durchbricht die Schallmauer. → *untrennbar*
  durchbrechen: Er bricht den Stab durch. → *trennbar*

158 **Betonung anders.** Achte auf die Betonung, um herauszufinden, ob du die Wörter getrennt oder zusammenschreibst.

a *zusammen + legen*
Kannst du bitte die Wäsche ____________________?

b *aufeinander + aufpassen*
Ihr müsst in Zukunft besser ____________________.

c *zusammen + feiern*
Lass uns doch unseren Geburtstag ____________________!

d *wieder + gehen*
Nach dem Unfall kann Manuel endlich ____________________.

e *aufeinander + stapeln*
Kannst du die Kisten bitte ____________________?

f *wieder + beleben*
Der Notarzt muss den Verletzten ____________________.

159 **Bedeutung und Betonung anders.** Unterstreiche die richtige Schreibweise.

a Wann werde ich dich *wieder sehen / wiedersehen*?

Nach der Laseroperation kann Frau Böll *wieder sehen / wiedersehen.*

b Die Mannschaft hat gut *zusammen gespielt / zusammengespielt.*

Die Kinder haben im Garten *zusammen gespielt / zusammengespielt.*

c Er ist noch einmal mit dem Schrecken *davon gekommen / davongekommen.*

Rauch nicht! Dein Husten ist sicher *davon gekommen / davongekommen.*

d Wenn wir *zusammen arbeiten / zusammenarbeiten,* erreichen wir mehr.

Wenn wir *zusammen arbeiten / zusammenarbeiten,* verfliegt die Zeit.

e Wie viel Geld hast du ihm schon *wieder gegeben / wiedergegeben*?

Sie hat den Textinhalt mit eigenen Worten *wieder gegeben / wiedergegeben.*

160 **Trennbar oder untrennbar?** Liegt die Betonung auf dem ersten Wortbestandteil oder auf dem Verb? Unterstreiche jeweils. Wandle dann alle Sätze ins Präsens (Gegenwartsform) um.

a Der Lehrer wird heute das letzte Kapitel noch einmal *wiederholen.*

____

b Linus wird sich sein gestohlenes Fahrrad *wiederholen.*

____

c Der Fährmann wird uns ans andere Ufer *übersetzen.*

____

d Mia wird den Text vom Englischen ins Deutsche *übersetzen.*

____

e Cedric hat mir böse Absichten *unterstellt.*

____

f Wenn es regnet, werde ich mich *unterstellen.*

____

15 Verbindungen mit Adjektiven und Partizipien

Treffen **zwei Adjektive** aufeinander, schreibst du sie meist **getrennt**. Aber auch hier gibt es Ausnahmen.

Verbindungen mit Adjektiven

- **Adjektiv + Adjektiv**
  Die Verbindung zweier Adjektive schreibst du **in der Regel getrennt**.
  Beispiele: riesig groß, verführerisch leicht
- **Adjektiv + Adjektiv** (gleichrangig)
  Wenn die beiden Adjektive jedoch **gleichrangig** sind, schreibst du sie **zusammen**. **Längere** Verbindungen musst du **mit Bindestrich** schreiben.
  Beispiele: graublau, taubstumm
  römisch-katholisch, öffentlich-rechtlich
- **Partizip + Adjektiv**
  Die Verbindung aus Partizip und Adjektiv schreibst du **getrennt**.
  Beispiele: rasend eifersüchtig, gestochen scharf

161 **Einfach getrennt.** Setze in die Lücken der folgenden Sätze jeweils zwei passende Adjektive bzw. Partizipien aus dem Kasten ein.

frei, heiß, kochend, nervös, rasend, schnell, schrecklich, streng, vertraulich, zugänglich

a Der Brief ist ____________ ____________.

b Das Wasser ist ____________ ____________.

c Der Prüfling ist ____________ ____________.

d Das Seeufer ist ____________ ____________.

e Das Auto ist ____________ ____________.

162 **Zusammen glücklich.** Welche Marienkäfer gehören zusammen? Trage die zusammengesetzten Adjektive dann in die passenden Lücken ein.

a Ich esse gern chinesische Gerichte, die ______________________ schmecken.

b Bevor die Blätter von den Bäumen fallen, färben sie sich ________________.

c Die Halswickel müssen _________________________ sein, damit sie helfen.

d Der Sommer beginnt _________________ mit viel Regen und Temperaturen um die 10 °C.

163 **Filmriss.** Setze die durcheinandergeratenen Filmstreifen richtig zusammen.

die	englisch	–	technische	Unterricht
das	medizinisch	–	französische	Fernsehen
die	deutsch	–	rechtliche	Wörterbuch
der	öffentlich	–	naturwissen-schaftliche	Grenze
das	mathe-matisch	–	deutsche	Assistentin

▶ *der mathematisch-naturwissenschaftliche Unterricht*

▶ ______________________________

▶ ______________________________

▶ ______________________________

▶ ______________________________

Für Partizipien, die wie Adjektive verwendet werden, gelten die gleichen Regeln wie für Adjektive.

Verbindungen mit Adjektiven/Partizipien

- **Verb** (Stamm) **+ Adjektiv/Partizip**
  Ist dem Adjektiv/Partizip ein Verbstamm vorangestellt, schreibst du **zusammen.**
  Beispiele: spielstark, gehbehindert
- **Nomen** (als Abkürzung für eine Wortgruppe) **+ Adjektiv/Partizip**
  Kürzt das Nomen eine Wortgruppe ab, schreibst du die Verbindungen **zusammen.**
  Beispiele: fehlerfrei (*statt:* frei von Fehlern)
  blutüberströmt (*statt:* von Blut überströmt)
- **Bedeutungsverstärkendes Element + Adjektiv/Partizip**
  Wenn das erste Element die **Bedeutung** des Adjektivs/Partizips **verstärkt** oder **abschwächt,** schreibst du **zusammen.**
  Beispiele: hochgiftig, altbekannt

164 **Suchrätsel.** Hier verstecken sich waagerecht und senkrecht zehn zusammengesetzte Adjektive, denen ein Verbstamm vorangestellt ist. Finde sie.

Z	N	J	L	G	U	P	Q	H	Ü	R	U	W	E	G	T	T	E	B	E	D	T	B
P	G	L	A	U	B	W	Ü	R	D	I	G	A	D	H	A	R	W	Ü	R	K	Ü	V
Ü	B	O	U	G	T	L	A	G	K	E	Z	S	R	Y	N	D	S	G	P	O	L	H
K	A	U	F	F	R	E	U	D	I	G	R	C	B	N	Z	G	T	E	J	C	Ä	C
H	R	Ö	S	T	F	R	I	S	C	H	Z	H	V	M	W	E	T	L	K	H	R	T
F	V	L	T	R	E	F	F	S	I	C	H	E	R	R	Ü	I	E	F	I	F	S	R
T	E	Z	A	F	R	K	S	T	J	Ö	G	C	X	J	T	J	R	R	F	E	E	W
S	C	H	R	E	I	B	F	A	U	L	H	H	S	K	I	K	P	E	X	S	H	I
R	W	Y	K	W	S	U	C	V	Z	Ä	P	T	Q	E	G	L	O	I	D	T	G	N

▶ ______________________ ▶ ______________________

▶ ______________________ ▶ ______________________

▶ ______________________ ▶ ______________________

▶ ______________________ ▶ ______________________

▶ ______________________ ▶ ______________________

165 **Adjektiv oder Partizip gesucht.** Verkürze jeweils die Wortgruppe.

a hart wie ein Stein → ____________________

b lang bis ans Knie → ____________________

c vor dem Wind geschützt → ____________________

d mehrere Meter hoch → ____________________

e vor Freude strahlend → ____________________

f durch einen Computer gesteuert → ____________________

g bei Hitze beständig → ____________________

h bei jedem Wetter fest → ____________________

i leicht wie eine Feder → ____________________

j von Angst erfüllt → ____________________

k breit wie ein Finger → ____________________

l scharf wie ein Messer → ____________________

166 **Passgenau.** Verbinde die passenden Adjektive und schreibe sie daneben auf.

bitter	weiß	bitterkalt
schwer	reif	____________________
rein	kalt	____________________
hell	bitter	____________________
hoch	wach	____________________
zart	reich	____________________
lau	warm	____________________
früh	intelligent	____________________

Das **Partizip** wird von einem Verb abgeleitet und kann wie ein Adjektiv verwendet werden. Man unterscheidet zwei Arten:
Partizip Präsens (lachen → lachend) und Partizip Perfekt (lachen → gelacht)

Verbindungen mit Partizipien

- Partizipien schreibst du **zusammen**, wenn das **zugrunde liegende Verb** ebenfalls **zusammengeschrieben** wird.
  Beispiele: teilnehmen → die teilnehmenden Personen
  freisprechen → der freigesprochene Angeklagte
- Liegt dem Partizip eine **getrennt geschriebene Wortgruppe zugrunde**, kannst du es **getrennt oder zusammenschreiben.**
  Beispiele: selbst stricken → die selbst gestrickten / selbstgestrickten Socken
  Fleisch fressen → die Fleisch fressende / fleischfressende Pflanze

167 **Ableitung.** Unterstreiche in den folgenden Sätzen alle Verbbestandteile und wandle sie in die Grundform um. Bilde dann jeweils ein passendes Partizip (Präsens oder Perfekt).

a Die Firmen arbeiten zusammen.

zusammenarbeiten → die zusammenarbeitenden Firmen

b Die Koalition brach auseinander.

__________ → __________

c Seine Schneidezähne stehen hervor.

__________ → __________

d Sie tauschte das Kleid um.

__________ → __________

e Die Passagiere fahren schwarz.

__________ → __________

f Unsere Katze lief weg.

__________ → __________

168 **Getrennt und zusammen.** Bilde aus den Wortgruppen jeweils die passenden Partizipien. Notiere beide möglichen Schreibweisen.

a *geheim halten*

Die ______________ ______________ Dokumente sind weg.

Die ____________________________ Dokumente sind weg.

b *Aufsicht führen*

Der ______________ ______________ Lehrer ist Herr Müller.

Der ____________________________ Lehrer ist Herr Müller.

c *allein erziehen*

Frau Biller ist ______________ ______________ Mutter.

Frau Biller ist ____________________________ Mutter.

d *Gewinn bringen*

Laura hat ______________ ______________ Aktien gekauft.

Laura hat ____________________________ Aktien gekauft.

e *weit reichen*

Dein Verhalten hat ______________ ______________ Folgen.

Dein Verhalten hat ____________________________ Folgen.

f *selbst backen*

Svens Muffins sind ______________ ______________.

Svens Muffins sind ____________________________.

169 **Auf den Grund gegangen.** Notiere, welches Verb bzw. welche Wortgruppe dem Partizip jeweils zugrunde liegt. Wenn das Partizip nur eine mögliche Schreibweise hat, dann streiche die falsche durch.

a Der *fest genommene / festgenommene* Verdächtige hat die Tat gestanden.

→ ______________________________

b Mario hat einen *gut bezahlten / gutbezahlten* Ferienjob.

→ ______________________________

c Der Patient wendet sich *Rat suchend / ratsuchend* an den Arzt.

→ ______________________________

d Nomen sind *groß geschriebene / großgeschriebene* Wörter.

→ ______________________________

e Präge dir die *oben genannten / obengenannten* Regeln gut ein.

→ ______________________________

f Der *krank geschriebene / krankgeschriebene* Schüler muss die Klassenarbeit nachschreiben.

→ ______________________________

16 Rechtschreibtest zur Getrennt- und Zusammenschreibung

170 **Ferienlager.** Schreibe den Text nach Diktat auf (→ Heft). Überarbeite ihn dann gründlich. Achte darauf, dass du zwei Wörter …

- getrennt schreibst, wenn jedes Wort seine eigene Bedeutung hat.
- zusammenschreibst, wenn sie gemeinsam nur eine Bedeutung haben.

Hinweis: Der Diktattext ist im Lösungsteil abgedruckt. Lass ihn dir zum Beispiel von deinen Eltern vorlesen.

171 **Rechtschreibproben.** Finde heraus, ob folgende Wörter getrennt oder zusammengeschrieben werden. Diese zwei Proben helfen dir:

- Mache die Bedeutungsprobe.
- Mache die Betonungsprobe.

Achte auch auf die richtige Groß- und Kleinschreibung!

a TEIL + BEITRAGEN

Jeder wird seinen ______________________________.

b PREIS + GEBEN

Soll ich das Geheimnis ______________________________?

c GUT + AUFPASSEN

Du musst auf die Uhr bitte ______________________________.

d ZUSAMMEN + SINGEN

Lasst uns das Lied alle ______________________________!

e TEIL + NEHMEN

Wirst du an der Veranstaltung ______________________________?

f GUT + SCHREIBEN

Herr Krause lässt sich den Rabatt ______________________________.

g PREIS + ERHÖHEN

Der Händler will nachträglich den ______________________________.

h ZUSAMMEN + WACHSEN

Wird der Knochen wieder ______________________________?

172 **Es lebe der Sport.** Bilde zehn zusammengesetzte Nomen, die mit dem Wortteil „Sport“ beginnen.

Beispiel: Sportplatz

- ▶ ______________ ▶ ______________
- ▶ ______________ ▶ ______________
- ▶ ______________ ▶ ______________
- ▶ ______________ ▶ ______________
- ▶ ______________ ▶ ______________

173 **Vorsicht!** Nur ein Satz ist völlig richtig geschrieben. Kreuze ihn an.

- ☐ Dein Platz wird freibleiben, bis du wieder zurückkommst.
- ☐ Dein Platz wird frei bleiben, bis du wiederzurückkommst.
- ☐ Dein Platz wird frei bleiben, bis du wieder zurückkommst.
- ☐ Dein Platz wird freibleiben, bis du wieder zurück kommst.

174 **Passendes Adjektiv.** Verkürze die unterstrichene Wortgruppe.

a Das Haus ist <u>reif für den Abbruch</u>. → ______________

b Die Familie ist <u>reich an Kindern</u>. → ______________

c Der Tipp ist <u>so sicher wie der Tod</u>. → ______________

d Das Wasser ist <u>arm an Sauerstoff</u>. → ______________

175 **Starker Regen.** Im folgenden Satz sind einige Wörter falsch geschrieben. Streiche sie durch und schreibe den Satz noch einmal fehlerfrei auf.

Nimm zum spazieren gehen besser den Regen Schirm mit, denn es soll heute noch starkregnen.

____

____

____

____

176 **Richtig angekreuzt.** Kreuze jeweils die richtige Schreibweise an.

Hinweis: Es kann jeweils auch mehr als ein Kreuz richtig sein.

a
- ☐ ein Zeit sparendes Verfahren
- ☐ ein zeitsparendes Verfahren
- ☐ ein zeitsparendes verfahren

b
- ☐ ein strahlendschöner Morgen
- ☐ ein strahlend schöner Morgen
- ☐ ein strahlend Schönermorgen

c
- ☐ ein fehlgeschlagener Versuch
- ☐ ein Fehl geschlagener Versuch
- ☐ ein fehl geschlagener Versuch

177 **Im Wandel der Zeit.** Wandle die Sätze in die verschiedenen Zeitformen um. Achte auf die richtige Getrennt- und Zusammenschreibung.

a *Futur (Zukunft)* → Er wird den Vertrag unterschreiben.

Präsens (Gegenwart) → ______________________

Perfekt (vollendete Gegenwart) → ______________________

Präteritum (Vergangenheit) → ______________________

b *Futur (Zukunft)* → ______________________

Präsens (Gegenwart) → ______________________

Perfekt (vollendete Gegenwart) → Er hat den Schlüssel zurückgebracht.

Präteritum (Vergangenheit) → ______________________

Zeichensetzung

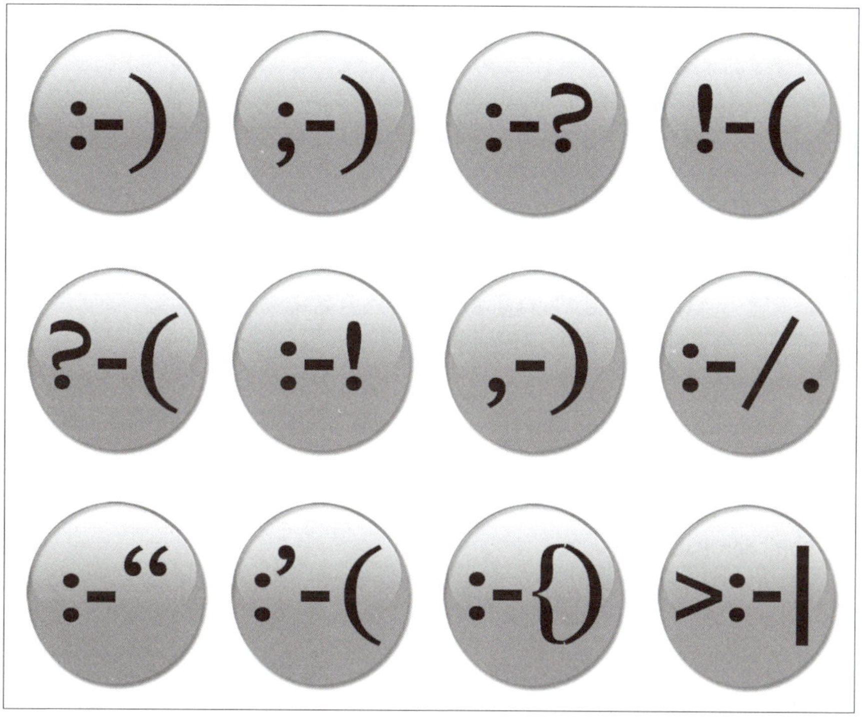

Mit Satzzeichen lassen sich nicht nur Smileys erstellen. Wie wichtig sie für das Verständnis eines Textes sind und wie du sie verwendest, erfährst du in diesem Kapitel. Hier trainierst du die grundlegenden **Satzzeichenregeln** und lernst …

- mit welchem Zeichen du einen Satz beendest.
- wann du ein Komma setzen musst.
- wie du wörtliche Rede kennzeichnest.

17 Zeichensetzung am Satzende

Sätze können mit unterschiedlichen Satzschlusszeichen beendet werden.

Satzschlusszeichen

- Aussagesätze beendest du mit einem **Punkt**.
  Beispiel: Der Lehrer gibt Hausaufgaben auf.
- Fragesätze werden mit einem **Fragezeichen** abgeschlossen.
  Beispiel: Haben wir heute Hausaufgaben auf?
- Nach Aufforderungen, Wünschen oder Ausrufen steht ein **Ausrufezeichen**.
  Beispiele: Mach jetzt deine Hausaufgaben! *Aufforderung*
  Wenn wir doch nur keine Hausaufgaben aufhätten! *Wunsch*
  Endlich fertig mit den Hausaufgaben! *Ausruf*

178 **Was ist was?** Entscheide jeweils, ob es sich bei folgenden Sätzen um eine Aussage, eine Frage oder einen Ausruf handelt. Setze die entsprechenden Satzschlusszeichen.

a Spiel den Ball ab __

b Warst du schon einmal im Europapark __

c Endlich Ferien __

d Mein Lieblingsessen sind Spaghetti __

e Ich kann heute leider nicht zum Training kommen __

f Ich möchte später einmal Arzthelferin werden __

g Wenn ich mir nur dieses Handy kaufen könnte __

h Kommst du heute Nachmittag mit ins Kino __

i Lass mich endlich in Ruhe __

j Könntest du mir bitte helfen __

k Du drehst jetzt sofort die Musik leiser __

l Fotografieren macht mir großen Spaß __

179 **Berufswahl.** Bei den folgenden Sätzen fehlen die Satzschlusszeichen. Wo hört der erste Satz auf und wo fängt der zweite Satz an?

- Markiere die Grenze zwischen beiden Sätzen mit /.
- Notiere die Sätze dann mit den richtigen Satzzeichen.
- Achte auf die Großschreibung am Satzanfang.

a Ich möchte später beim Film arbeiten was hältst du davon

b Nimm dir Zeit für deine Berufswahl dies ist eine wichtige Entscheidung

c Am liebsten würde ich Mediengestalter lernen hoffentlich finde ich einen Ausbildungsplatz

180 **Urlaubsbekanntschaft.** In E-Mails werden in der Eile oft die Satzzeichen weggelassen. Aber auch hier sind sie wichtig, um zu wissen, wo ein Gedanke anfängt und wo er aufhört. Korrigiere Sarahs Mail und schreibe sie noch einmal mit der richtigen Zeichensetzung in dein Heft.

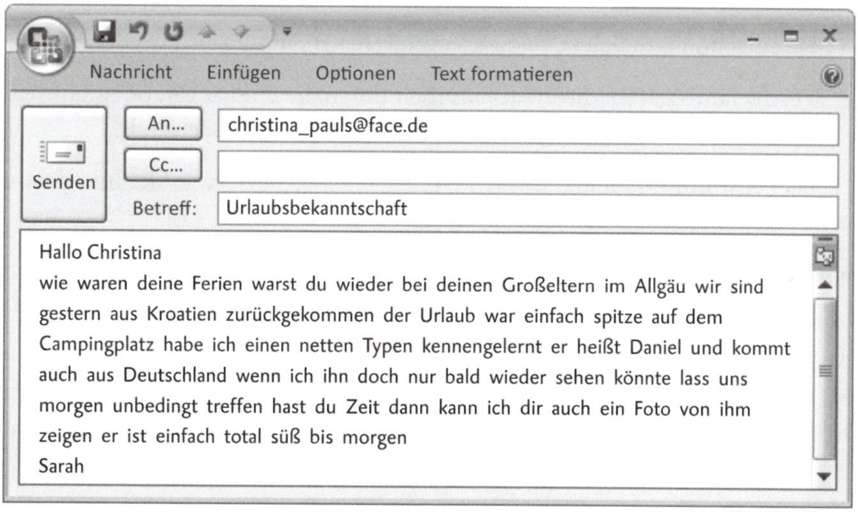

Hallo Christina
wie waren deine Ferien warst du wieder bei deinen Großeltern im Allgäu wir sind gestern aus Kroatien zurückgekommen der Urlaub war einfach spitze auf dem Campingplatz habe ich einen netten Typen kennengelernt er heißt Daniel und kommt auch aus Deutschland wenn ich ihn doch nur bald wieder sehen könnte lass uns morgen unbedingt treffen hast du Zeit dann kann ich dir auch ein Foto von ihm zeigen er ist einfach total süß bis morgen
Sarah

18 Kommasetzung

Neben den Satzschlusszeichen sind auch Kommas für das Textverständnis sehr wichtig. Sie markieren ebenfalls **Sinneinheiten**. Im Folgenden lernst du die **wichtigsten Kommaregeln** kennen.

Komma bei Aufzählungen

- Die einzelnen **Glieder einer Aufzählung** werden durch Komma voneinander getrennt. Vor den Konjunktionen **und** bzw. **oder** steht jedoch **kein Komma**.
  Beispiele: Die beliebtesten Haustiere sind Katzen, Hunde, Fische und Hamster.
  Was möchtest du trinken: Saft, Limo, Cola, Wasser oder Tee?
- Die einzelnen Glieder einer Aufzählung können unterschiedlich lang sein. Sie können aus einzelnen **Wörtern**, längeren **Wortgruppen** oder ganzen **Sätzen** bestehen.
  Beispiele: Fabian ist sportlich, intelligent, lustig und nett.
  Er ist ein talentierter Sportler, ein guter Schüler und ein Spaßvogel.
  Er hat viele Freunde, jeder mag ihn und seine Eltern sind stolz auf ihn.

181 **Aufgezählt.** Füge in den folgenden Sätzen die fehlenden Kommas ein. Unterstreiche die Wörter *und* bzw. *oder*.

a Soll ich das rote gelbe blaue oder grüne T-Shirt anziehen?

b In der Zeitung stehen Berichte Kommentare Analysen und Reportagen.

c Äpfel Bananen Tomaten und Zwiebeln stehen auf Sylvies Einkaufsliste.

d Sie entschuldigte sich er verzieh ihr und sie versöhnten sich wieder.

e Verena fährt gern in die Stadt bummelt durch die Fußgängerzone sieht sich in den Geschäften um und sucht nach ausgeflippten Modetrends.

f Du gehst mir mit deiner ewigen Nörgelei deiner Besserwisserei und deiner Überheblichkeit ganz schön auf die Nerven.

g Zum Schulfest lud der Schulleiter alle Schülerinnen und Schüler ihre Eltern und Geschwister alle Lehrerinnen und Lehrer und den Hausmeister mit seiner Familie ein.

h Du kannst nicht ständig auf Partys gehen dich bis spät abends mit deinen Freunden treffen nächtelang im Internet surfen und dann ausgeschlafen gut in der Schule und fit beim Training sein.

Nicht immer sind zwei aufeinanderfolgende Adjektive als Aufzählung zu verstehen. Dann gilt eine andere Regel.

Nicht gleichrangige Adjektive

Wenn zwei aufeinanderfolgende Adjektive nicht gleichrangig sind, dann setzt man kein Komma dazwischen. Das erkennst du daran, dass du zwischen die beiden Adjektive kein *und* setzen kannst.

Beispiele: die allgemeine politische Lage, die schönsten bayerischen Seen

182 **Gleichrangig?** Entscheide bei folgenden Sätzen, ob zwischen die zwei aufeinanderfolgenden Adjektive ein Komma gehört oder nicht. Markiere die entsprechenden Wörter und kreuze an.

		Komma (Aufzählung)	kein Komma (keine Aufzählung)
a	In den nächsten großen Ferien fährt Pascal mit seinen Eltern nach Norwegen.	☐	☐
b	Was soll ich mit dieser rostigen verbogenen Schere anfangen?	☐	☐
c	Der Stürmer machte beim gestrigen Pokalspiel einen müden unmotivierten Eindruck.	☐	☐
d	Sabrina wurde von ihrer Lehrerin für ihre zahlreichen anschaulichen Beispiele in ihrem Referat gelobt.	☐	☐
e	In London haben wir schmackhafte englische Spezialitäten genossen.	☐	☐
f	Heutzutage gibt es in Supermärkten viele vitaminreiche Nahrungsergänzungsmittel zu kaufen.	☐	☐
g	Mit diesem widerspenstigen unberechenbaren Gaul reite ich nie wieder aus!	☐	☐
h	Auch heute noch ist der Nil für Ägypten von entscheidender wirtschaftlicher Bedeutung.	☐	☐
i	Der Nil besitzt zwei Quellflüsse: einen kürzeren wasserreicheren („Blauer Nil“) und einen längeren wasserärmeren („Weißer Nil“).	☐	☐
j	Die bekanntesten deutschen Dichter dürften wohl Goethe und Schiller sein.	☐	☐

Vor Konjunktionen (Bindewörtern), die einen **Gegensatz** ausdrücken, steht ein Komma.

Komma bei Gegensätzen

Gegensätze werden durch **Komma** voneinander abgetrennt. Du erkennst sie vor allem an den Wörtern **aber**, **sondern** und **doch**.

Beispiele: Unser Lehrer ist streng, aber fair.
Pia war heute nicht in der Schule, sondern lag krank im Bett.
Ich wäre gerne ins Kino mitgekommen, doch ich musste lernen.

183 **Gegensätzlich.** Unterstreiche die Konjunktionen, die einen Gegensatz ausdrücken, und ergänze alle fehlenden Kommas.

- **a** Ich habe gestern bei dir geklingelt aber du warst nicht zu Hause.
- **b** Diego stammt aus einer reichen doch ziemlich geizigen Familie.
- **c** Herr Ziegler kauft sich kein neues sondern ein gebrauchtes Auto.
- **d** Janina ist nicht dick aber auch nicht dünn sondern ganz normal.
- **e** Ich leihe dir heute Nachmittag meine Playstation doch dafür lässt du mich morgen in Mathe abschreiben.
- **f** Beim Sturz von der Leiter hat Georg sich nicht nur den Arm gebrochen sondern auch eine Gehirnerschütterung zugezogen.
- **g** Steven und Paul würden gern zum Baden an den See fahren doch es regnet schon seit Ferienbeginn.
- **h** Robin suchte seinen verlorenen Schlüsselbund überall aber er konnte ihn nirgends finden.
- **i** Von der schlechten Nachricht war Carina etwas beunruhigt doch nicht ohne Hoffnung.
- **j** Nicht nur in Deutsch sondern auch in Englisch Mathematik und Biologie ist seine Versetzung gefährdet.
- **k** Delia und Feline sind typische Schwestern: Sie spielen lachen und albern zusammen aber sie streiten und zanken sich auch.
- **l** Beim Fußball kommt es auf die Spielstärke der einzelnen Spieler an aber auch auf die Taktik des Trainers den Teamgeist und den Siegeswillen der Mannschaft.

Hauptsätze werden normalerweise mit einem Punkt voneinander getrennt. Willst du aber eine größere Zusammengehörigkeit ausdrücken, kannst du zwischen den Sätzen auch ein Komma setzen, denn das **Komma** trennt **schwächer** als der **Punkt**.

Komma zwischen Hauptsätzen

- Sollen **Hauptsätze** enger miteinander verbunden werden, setzt du anstelle des Punktes ein **Komma**. So erhältst du eine **Satzreihe** aus mehreren Hauptsätzen.
  Beispiel: Die Glocke läutet, die Pause ist vorbei, der Unterricht geht weiter.
- Wenn zwei vollständige Hauptsätze durch **und** bzw. **oder** miteinander verbunden sind, muss kein Komma stehen, aber du kannst es setzen.
  Beispiel: Klara drehte sich um (,) und plötzlich stand Oliver vor ihr.
  aber: Klara drehte sich um und sah Oliver. *(keine 2 vollständigen Hauptsätze)*

184 **Austauschschülerin.** Ergänze in den Satzreihen die fehlenden Kommas.

Ellie aus den USA kam für einen vierwöchigen Sprachaufenthalt nach Deutschland bei ihrer Ankunft am Düsseldorfer Flughafen war die Austauschschülerin ganz aufgeregt. Ihre deutsche Gastfamilie holte sie vom Flughafen ab selbst der Hund war mit dabei. Die Begrüßung verlief sehr herzlich Ellie fühlte sich von Beginn an sehr wohl und auch die Gastfamilie schloss sie sofort ins Herz. Nach der Landung brachte die Gastfamilie sie erst einmal in ihr neues Zuhause sie sollte sich von der langen Reise etwas ausruhen. Ellie hatte Geschenke aus den USA mitgebracht das war eine gelungene Überraschung. In Düsseldorf gefiel es Ellie sehr gut vor allem von der Rheinuferpromenade war sie begeistert. Mit ihrer Gastschwester Simone verstand sich Ellie den ganzen Monat über blendend die beiden Mädchen wurden echte Freundinnen. Sie wollen sich bald wiedersehen Ellie muss unbedingt wiederkommen oder Simone wird bald nach Chicago fliegen. Bei der Abreise waren alle traurig die Gastmutter weinte nach Ellies Abschiedskuss sogar ein bisschen.

In einem **Satzgefüge** unterscheidest du zwischen **Hauptsatz** und **Nebensatz**. Nebensätze erkennst du daran, dass sie vom Hauptsatz abhängig sind und nicht allein stehen können. Das Verb steht im Nebensatz meist am Ende.

Komma zwischen Haupt- und Nebensatz

- Hauptsatz und Nebensatz werden immer durch **Komma** voneinander abgetrennt. Ein Nebensatz wird meist mit einer **Konjunktion** (*als, bevor, bis, da, damit, dass, falls, indem, nachdem, ob, obwohl, seitdem, sodass, während, weil, wenn …*) oder einem **Relativpronomen** (*der, die, das, welcher, welche, welches …*) eingeleitet.
  Beispiele: Marcel ist heute nicht in der Schule, weil er krank ist.
  Er war beim Arzt, der ihn krankgeschrieben hat.
- Zwischen Haupt- und Nebensatz steht ein Komma, egal ob der Nebensatz **vor** oder **hinter** dem Hauptsatz steht. Ist der Nebensatz in einen Hauptsatz **eingeschoben**, wird er vorn und hinten durch Komma abgetrennt.
  Beispiele: Die Klasse 9b hofft, dass das Schulfest ein Erfolg wird.
  Obwohl es regnet, kommen viele Besucher.
  Die Schüler der 9b, die das Fest organisiert haben, sind zufrieden.

185 **Nebensatzkonjunktionen.** Setze in die Lücken jeweils die passende Konjunktion aus dem Kasten ein. Du darfst jede Konjunktion nur einmal verwenden. Vergiss auch nicht, das Komma richtig zu setzen.

bevor, dass, damit, indem, nachdem, obwohl, sobald, sodass, während, weil, wenn

a Ich verrate dir ein Geheimnis ____________ du es für dich behalten kannst.

b Finn spielt sehr gut Basketball ________________________ er relativ klein ist.

c Wir fahren in den Urlaub __________________ Oma auf den Hund aufpasst.

d Jana erreicht ihre Ziele ___________________________ sie hart dafür arbeitet.

e Lass uns von hier verschwinden __________________________ es dunkel ist.

f Aline hat Hausarrest ______________ sie nicht auf die Party kommen kann.

g Du musst den Saft schütteln _____________________ du die Flasche öffnest.

h Tobi kauft sich ein Mofa _________ er nicht mehr auf den Bus warten muss.

i Melissa geht shoppen _______________ sie ihr Taschengeld bekommen hat.

j Malte freut sich darüber ___________ er einen Praktikumsplatz erhalten hat.

k Cora kann heute ausschlafen __________ sie erst später in die Schule muss.

186 **Relativsätze.** Trenne Haupt- und Relativsatz jeweils durch Komma voneinander ab. Beachte, dass die Relativsätze manchmal eingeschoben sind.

a Hunde die bellen beißen nicht.

b Kennst du die Frau die dort drüben steht und winkt?

c Am Wochenende gehen wir in die Disco die neu eröffnet worden ist.

d Das ist meine Schwester von der ich dir schon viel erzählt habe.

e Mutter kauft dort ein wo es am günstigsten ist.

f Das Schnitzel das es heute Mittag in der Schulkantine gab war sehr lecker.

g Ich finde unseren Mathelehrer über den ihr ständig schimpft gar nicht so schlimm.

h Ich habe im letzten Diktat eine Eins geschrieben was meine Lehrerin sehr gefreut hat.

187 **Alles relativ.** Verbinde die folgenden Hauptsätze jeweils mit einem sinnvollen Relativsatz zu einem Satzgefüge. Denke auch an die Kommas.

a Das Buch ist spannend. Dennis hat es am Flohmarkt gekauft.

____

b Kim ist sehr hübsch. Ahmed hat sich in sie verliebt.

____

c Mein Onkel lebt in London. Ich werde ihn in den großen Ferien besuchen.

____

d Andi ist nicht gekommen. Ich hatte ihn zu meiner Party eingeladen.

____

e Marlon spart auf einen Motorroller.
Von dem träumt er schon lange.

____

____

____

188 **Satzgefüge.** Verbinde die Sätze mithilfe der angegebenen Konjunktion zu einem sinnvollen Satzgefüge. Vergiss das Komma nicht und achte auf die veränderte Wortreihenfolge. Im Nebensatz steht das Verb am Ende.

a Er ist endlich da. Wir können anfangen. (WENN)

____

b Kevin ist nach der Schule nicht nach Hause gekommen. Seine Mutter macht sich Sorgen. (WEIL)

____

____

c Ich möchte noch schnell die Hausaufgaben fertig machen. Dann kann ich an den See zum Baden fahren. (DAMIT)

____

____

d Julian bekommt Nachhilfe in Mathematik. Er schreibt bessere Noten. Seine Versetzung ist nicht mehr gefährdet. (SEITDEM, SODASS)

____

____

189 **Kommasetzung.** Füge jeweils die fehlenden Kommas ein.

Hinweis: Die Sätze bestehen aus einem Hauptsatz und mehreren Nebensätzen. Unterstreiche sie in unterschiedlichen Farben.

a Hier sind die Hefteinträge die wir im Deutschunterricht gemacht haben während du krank warst.

b Als ich an meinem Geburtstag in die Schule kam erwartete mich eine tolle Überraschung mit der ich nicht gerechnet hatte.

c Björn hat mich gefragt ob ich heute ins Kino mitkomme weil der Film den er unbedingt sehen möchte endlich angelaufen ist.

d Obwohl meine Oma mich manchmal nicht mehr erkennt merke ich dass es sie freut wenn ich sie besuche.

Infinitivsätze erfüllen die gleiche Funktion wie Nebensätze und bilden zusammen mit einem Hauptsatz ein **Satzgefüge**. Anstelle eines gebeugten Verbs steht das Verb hier in der Grundform (**Infinitiv**) mit dem Wörtchen **zu**.

Komma bei Infinitiven

- Bei **Infinitivgruppen**, die mit **als**, **anstatt**, **außer**, **ohne**, **statt** oder **um** eingeleitet werden, musst du ein Komma setzen.
  Beispiele: Ronja überquert die Straße, ohne nach links und rechts zu sehen.
  Anstatt zu bremsen, fährt Nino mit Vollgas über die rote Ampel.
  Moritz hat sein Motorrad getunt, um es schneller zu machen.
- Nach **erweiterten Infinitiven** mit **zu** setzt du in der Regel ein Komma.
  Beispiele: Tom freut sich darauf, am Sonntag mit Laila ins Kino zu gehen.
  Aber Laila lehnt Toms Vorschlag, gemeinsam einen Film anzusehen, ab.
- Liegt ein **bloßer Infinitiv** mit **zu** vor, wird das Komma meist **weggelassen**.
  Beispiele: Ich bin es gewohnt (,) zu verlieren.
  Heute versuche ich (,) zu gewinnen.

Hinweis: Das Wörtchen **zu** wird **getrennt** geschrieben, wenn es vor dem Verb in der Infinitivform steht, z. B.: *Ich bitte dich, die Tür leise zu schließen.* Wenn es sich zwischen die Infinitivform „gemogelt" hat, **verschmilzt** es mit dem Verb zu einem Wort, z. B.: *Denk bitte daran, die Tür abzuschließen.*

190 **Infinitivbaukasten.** Verbinde die Teilsätze sinnvoll miteinander, indem du die richtige Konjunktion verwendest. Denke auch daran, das Komma zu setzen.

a	Sag mir die Wahrheit	als	die Polizei zu rufen.
b	Thomas verschwand	anstatt	mich zu nerven?
c	Fällt dir nichts Besseres ein	außer	ständig zu lügen!
d	Jenny konnte nichts tun	ohne	etwas zu lernen.
e	Ich gehe zur Schule	statt	sich zu verabschieden.
f	Louis sitzt nur faul da	um	seinem Vater zu helfen.

191 **Erweiterte Infinitive.** Setze die fehlenden Kommas ein.

- **a** Ich habe nicht damit gerechnet dich hier zu sehen.
- **b** Ali hofft darauf von einem Proficlub entdeckt zu werden.
- **c** Hast du Lust mit mir zum Schlittschuhlaufen zu gehen?
- **d** Ich warne dich davor diesem Typen zu vertrauen.
- **e** Hör doch endlich damit auf ständig Unsinn zu machen!
- **f** Eva hat Angst davor bei der nächsten Prüfung zu versagen.
- **g** Mesut weigert sich mit seiner Schwester das Zimmer zu teilen.
- **h** Ich habe kein Interesse daran dir dein altes Handy abzukaufen.

192 **Reise in die Steinzeit.** Ergänze die Kommas an der richtigen Stelle.

Die Klasse 5c fuhr ins Neanderthal-Museum nach Mettmann um etwas über die Steinzeitmenschen zu erfahren. Ein Rundgang durchs Museum bot viele Möglichkeiten faszinierende Einblicke in die lange Geschichte der Menschheit zu bekommen. Für die Schüler war es spannend sich in die Lebenssituation der Frühmenschen hineinzuversetzen. Sie brauchten Millionen von Jahren um von Jägern und Sammlern zu Ackerbauern und Viehzüchtern zu werden.

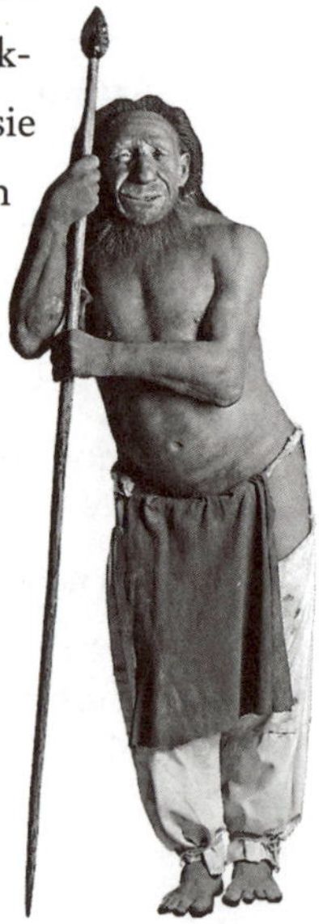

Danach hatten die Schüler die Gelegenheit die steinzeitlichen Werkzeuge selbst auszuprobieren. In der Steinzeitwerkstatt versuchten sie eigene Steinamulette zu fertigen. Es war erlaubt die selbst erstellten Schmuckstücke mit nach Hause zu nehmen.

Nach der körperlichen Arbeit war es dann wichtig sich bei einem Picknick vor dem Museum zu stärken. Anschließend stand auf dem Programm die Fundstelle des berühmten Neandertalers zu besichtigen. Zum Schluss blieb noch etwas Zeit den Kunstweg und das eiszeitliche Wildgehege zu erkunden.

Die Klasse war ganz begeistert davon den Geschichtsunterricht einmal mit allen Sinnen erleben zu dürfen anstatt im Klassenzimmer zu sitzen. Der Lehrer versprach ihnen das bald zu wiederholen.

Ähnlich wie Infinitivsätze funktionieren **Partizipialsätze**. Auch die Kommaregeln erinnern an die beim Infinitiv.

Komma bei Partizipien

Man unterscheidet zwei Partizipialformen: das Partizip Präsens *(laufend, schreiend)* und das Partizip Perfekt *(gelaufen, geschrien)*.

- Ein **einfaches Partizip** benötigt **kein Komma**.
  Beispiel: Genervt stand der Handwerker herum.
- Wenn das Partizip durch weitere Worte näher bestimmt ist („erweitertes Partizip"), **kann** man ein Komma setzen.
  Beispiel: Sanft lächelnd(,) betrachtet Karim Eva.
- Nur wenn das erweiterte Partizip **nachgetragen oder wieder aufgenommen** wird, **musst** du ein Komma setzen.
  Beispiele: Die Schüler, sich einen Scherz erlaubend, schraubten die Birne aus dem Overheadprojektor.
  Beschmutzt und zerfleddert, so wurden die meisten Bücher zurückgegeben.

193 **Partizipienbaukasten.** Verbinde die Teilsätze sinnvoll miteinander und setze die Kommas, die man auf jeden Fall setzen muss.

a	Der Reiter nahm Anlauf	steht diese uralte Eiche da.
b	Kräftig emporgewachsen	so jagte die Katze eine Maus.
c	Sich vorsichtig anschleichend	biegt Gustav um die Ecke.
d	Singend	auf die Kraft des Pferdes vertrauend.

194 **Erweiterte Partizipien.** Unterstreiche die erweiterten Partizipien und setze die fehlenden Kommas ein.

a Vorsichtig nach allen Seiten blickend so bewegte er sich vorwärts.

b Neugierig geworden sah der Hund zu mir herüber.

c Lina heftig am Kopf blutend wurde sofort ins Krankenhaus gebracht.

d Eine Taktiktafel benutzend erklärt die Sportlehrerin die Laufwege beim Basketball.

e Cem versuchte auf seinen Charme vertrauend die Lehrerin zu beschwichtigen.

Die **Anrede von Personen** und **nachträgliche Einschübe** (Appositionen) werden im Satz durch Komma abgetrennt.

Komma bei Anreden und Einschüben

- Bei der **direkten Anrede** einer Person wird ihr **Name** durch Komma abgetrennt.
  Beispiele: Sabrina, bitte decke den Tisch!
  Wie geht es Ihnen, Frau Kern?
- **Nachträgliche Einschübe**, die ein Nomen näher bestimmen, trennst du durch Komma ab.
  Beispiele: Der Reichstag steht in Berlin, der Hauptstadt Deutschlands.
  Ich habe gestern mit Bernd, meinem Cousin aus Hamburg, telefoniert.

195 **Hallo, du!** Setze bei den Anreden die fehlenden Kommas.

a Bastian wo bist du?

b Guten Tag Herr Schober!

c Frau Hamm ich grüße Sie!

d Ich hab dich gern mein Schatz!

e Boris kommst du bitte?

f Tut mir leid Jan ich kann jetzt nicht.

g Hör auf zu schwätzen Martha!

h Danke für die Einladung Tante Ilse!

196 **Deutschlandquiz.** Welche Begriffe sind gesucht? Recherchiere im Internet. Achte auf die Einschübe und setze die Kommas an der richtigen Stelle.

a Die ____________ der höchste Berg Deutschlands misst 2 962 Meter.

b ____________ die größte deutsche Insel liegt vor der pommerschen Ostseeküste und ist bekannt für die Kreidefelsen.

c Die Band „Tokio Hotel" kommt aus ____________ der Landeshauptstadt von Sachsen-Anhalt.

d Durch Köln fließt der ____________ der längste in Deutschland fließende Fluss.

e Das ____________ das größte Volksfest der Welt findet jedes Jahr in ____________ der Landeshauptstadt von Bayern statt.

f Der Roman „Die Leiden des jungen Werther" wurde von ____________ ____________ dem berühmtesten deutschen Dichter und Schriftsteller verfasst.

19 Zeichensetzung bei der wörtlichen Rede

Ganz gleich, ob es sich um eine Detektivgeschichte, ein Märchen, einen Roman oder einen Witz handelt: Keine Erzählung kommt ohne **wörtliche Rede** (direkte Rede) aus. Die wörtliche Rede macht die Geschichten spannend. Sie erweckt die Figuren zum Leben, indem sie **Wort für Wort** wiedergibt, was eine Person **sagt** oder **denkt**.

Satzzeichen bei der wörtlichen Rede

- Die wörtliche Rede wird zwischen **Anführungszeichen** gesetzt. Die schließenden Anführungszeichen stehen dabei **nach** dem jeweiligen Satzschlusszeichen.
  Beispiele: „Wie heißt du?“
  „Ich heiße Emma.“
  „Guten Tag, Emma!“
- Damit man weiß, **wer** spricht und **wie** er dies tut, fügt man einen **Begleitsatz** hinzu. Dieser kann an drei Stellen stehen: **vor**, **zwischen** oder **nach** der wörtlichen Rede. Der Begleitsatz wird je nach Position durch **Doppelpunkt** bzw. **Komma** vom Redeteil abgetrennt.
  Beispiele: Der Lehrer sagt: „Heute fällt die letzte Stunde aus.“ — *Begleitsatz: …*
  „Juhu“, ruft Mischa, „dann fällt heute Englisch aus!“ — *…, Begleitsatz, …*
  „Dürfen wir dann früher heimgehen?“, fragt Linda. — *…, Begleitsatz.*
- Wenn der Begleitsatz **nach** der wörtlichen Rede steht, **entfällt der Punkt** in der wörtlichen Rede.
  Beispiele: Die Lehrerin sagt: „Ich teile jetzt die Prüfungsblätter aus.“
  „Ich teile jetzt die Prüfungsblätter aus“, sagt die Lehrerin.
  aber:
  „Lars, mach sofort dein Buch zu!“, befiehlt die Lehrerin.
  „Marie, kannst du bitte das Fenster schließen?“, bittet die Lehrerin.

197 **Wer spricht was?** Unterstreiche in den folgenden Sätzen alle Stellen, die als wörtliche Rede gemeint sind, und füge die fehlenden Satzzeichen ein.

a Nervlich am Ende schreit sie So kann es nicht weitergehen

b Das ist doch alles gar nicht so schlimm versucht er sie zu beruhigen

c Kannst du mir helfen bittet sie ihn

d Darauf entgegnet er Lass uns nach passenden Möglichkeiten suchen

e Wenn du mir hilfst verspricht sie ihm lade ich dich zum Essen ein

f Das ist nicht nötig meint er ich helfe dir gern

198 **Witze.** Ergänze bei folgenden Witzen die Satzzeichen der wörtlichen Rede.

a Frau Anger schimpft ihren Sohn Max *Wenn du dich weiterhin so aufführst, schicken wir dich in ein Internat, damit du gutes Benehmen lernst* Daraufhin fragt Max *Kann ich denn das nicht zu Hause lernen*

b Chris ist neu in der Klasse. Der Lehrer fragt ihn *Wie steht es mit den Fremdsprachen* *Gut* prahlt Chris *außer der deutschen sind mir alle Sprachen fremd*

c Frau Koch fährt mit ihrem Punto zur Tankstelle und fragt dort *Was kostet ein Tropfen Benzin* *Nichts* antwortet der Tankwart *Toll* freut sich Frau Koch *dann tropfen Sie mir bitte den Tank voll*

d *Finden sie nicht* fragt Stefans Mutter beim Elternabend *dass mein Sohn sehr kreativ ist und viele einzigartige Ideen hat* *Oh ja* stimmt die Lehrerin zu *vor allem in der Rechtschreibung*

e *Papa* fragt Hannes seinen Vater *bist du als Kind eigentlich immer brav zur Schule gegangen* *Aber natürlich, mein Sohn* entgegnet ihm dieser *Siehst du* sagt Hannes lachend zur Mutter *es hat auch nichts genützt*

f Der Richter fragt den Angeklagten *Warum haben Sie das Auto gestohlen* Darauf antwortet der Angeklagte *Ich musste ganz schnell zur Arbeit, Herr Richter* *Da hätten Sie doch ebenso gut einen Bus nehmen können* entgegnet ihm der Richter *Tut mir leid* erwidert der Angeklagte *für Busse habe ich keinen Führerschein*

g Das Ehepaar Schwarz kann nachts nicht schlafen, weil der Hund im Garten des Nachbarn ständig bellt. *Mir reicht's* knurrt Herr Schwarz und springt wütend aus dem Bett *Ich gehe jetzt runter und kläre das* Als er nach einer Weile wieder zurückkommt, fragt ihn seine Frau *Und was hast du gemacht* *Ich habe den Hund in unseren Garten gebracht* antwortet Herr Schwarz *Die da drüben sollen mal sehen, wie das ist, wenn bei den Nachbarn der Hund kläfft*

20 Sonstige Satzzeichen im Überblick

Du hast nun die wichtigsten Satzzeichen kennengelernt und ihre Anwendung eingeübt. Es gibt aber noch weitere Satzzeichen, die zwar nicht besonders häufig vorkommen, einen Text jedoch **lebendig, abwechslungsreich und übersichtlich** machen können.

Strichpunkt

- Der Strichpunkt (auch: Semikolon) steht von seiner Funktion her **zwischen Punkt und Komma**. Er trennt mehr als das Komma, aber weniger als der Punkt. Besonders gut passt dieses Satzzeichen vor den Wörtern *allein, denn, daher, doch, darum, aber.*
  Beispiele: Unsere Mannschaft warf in den letzten Minuten alles nach vorne; allein es gelang uns kein Tor mehr.
  Lisa schreibt in Mathe nur Einsen; denn dafür hat sie einfach Talent.
  Smoothies sind gesund; aber frisches Obst ist noch viel gesünder.
- Der Strichpunkt wird auch verwendet, um in einer **Aufzählung** Wörter, die zu einer Sinneinheit gehören, zusammenzufassen.
  Beispiel: Simone nimmt viele Dinge auf ihre Reise mit: Handtücher, Waschlappen; Chips, Cola, Gummibärchen; Personalausweis, Reisepass.

199 **Gut kombiniert.** Stelle sinnvolle Verbindungen zwischen den Satzteilen her und setze Strichpunkte.

a	Heute Abend muss ich lernen	aber anstrengen muss man sich.
b	Diese Aufgabe ist nicht schwierig	doch ihr Vater ist dagegen.
c	Nejat ist zweisprachig aufgewachsen	allein es hilft mir hier nichts.
d	Amelie möchte ein Baumhaus bauen	denn seine Eltern sind Türken.
e	Ich kann fließend Englisch sprechen	daher kann ich nicht ins Kino.

200 **Sauber sortiert.** In folgenden Aufzählungen ist alles durcheinandergeraten. Fasse die Wörter, die zu einer Sinneinheit gehören, durch Strichpunkte zusammen und schreibe die Aufzählungen neu.

a Mutter hat eingekauft: Bananen, Salami, Taschentücher, Kiwis, Duschgel, eine Ananas, Schinken, Nudelsoße.

Mutter hat eingekauft: ______________________________

____

b Qualifiziert für die Basketball-WM: Deutschland, USA, Angola, Kroatien, Schweden, Kanada, Südafrika, Italien.

Qualifiziert für die Basketball-WM: ______________________________

____

c Die Zoohandlung hat ab sofort im Sortiment: Wandelnde Blätter, Streifenhörnchen, Geckos, Gottesanbeterinnen, Leguane, Degus, Chinchillas.

Die Zoohandlung hat ab sofort im Sortiment: ______________________________

____

d Die beliebtesten Kindernamen des Jahres: Johanna, Alexander, Jonas, Maria, Emma, Leon.

Die beliebtesten Kindernamen des Jahres: ______________________________

____

Den **Doppelpunkt** vor der wörtlichen Rede hast du schon kennengelernt (S. 129). Er hat aber auch noch andere Funktionen.

Doppelpunkt

- Doppelpunkt vor **Aufzählungen**
  Beispiel: Saras Lieblingsfächer sind: Deutsch, Erdkunde und Biologie.
- Doppelpunkt vor **Zitaten**
  Beispiel: Wie heißt es bei Schiller so schön: „Doch der Segen kommt von oben."
- Doppelpunkt vor **Gedanken**
  Beispiel: Ich bin mir nicht sicher: Fällt Mathe morgen aus?
- Doppelpunkt vor **Zusammenfassungen**
  Beispiel: Abfragen, Schulaufgaben, Physikunterricht: All das werde ich in den Ferien nicht vermissen!

Folgt nach dem Doppelpunkt ein ganzer Satz, wird der Satzanfang großgeschrieben. Ist dies nicht der Fall, schreibst du klein weiter – außer bei einem Nomen.

201 **Gute Gründe.** Begründe bei folgenden Sätzen, warum hier ein Doppelpunkt steht: Aufzählung, Zitat, Gedanke, Zusammenfassung.

a Regentage, Katzen, warme Socken: All das mag ich – und ganz doll dich!

____

b Wolfi schreibt gerne E-Mails: an seine Schwester, an seinen besten Freund und an die Tante aus Österreich.

____

c Sepp Herberger hatte recht: Ein Spiel dauert 90 Minuten.

____

d Andy Möller irrte sich: Mailand oder Madrid – Hauptsache Italien!

____

e Vater rechnet angestrengt: Ist in diesem Jahr noch ein neues Auto drin?

____

f Dichter der Klassik: Goethe und Schiller.

____

202 **Katzenjammer.** Setze in folgenden Text Doppelpunkte ein, wo es sinnvoll ist. Ansonsten setze Punkte.

Das Leben einer Katze

Katzen haben es gut Fressen, schlafen, gestreichelt werden Sonst passiert nicht viel in ihrem Leben Oft, wenn ich über meinen Hausaufgaben sitze und meiner Mieze zuschaue, denke ich Nur für einen Tag Katze sein Was ich dann tun würde, ist klar Viel wichtiger ist aber, was ich alles *nicht* tun würde früh aufstehen, zur Schule gehen, beim Abwasch helfen, Hausaufgaben machen und für die Schulaufgabe lernen Und ich käme endlich mal zur Ruhe Wie heißt es so schön Wenn Gähnen reich machen würde, wären Katzen Millionäre.

Auch **Gedankenstriche** und **Klammern** sind Satzzeichen, die einen Text **übersichtlicher** machen, weil sie ihn stärker untergliedern.

Gedankenstrich und Klammer

Mit Gedankenstrichen und Klammern kannst du eingeschobene Sätze bzw. Satzteile kennzeichnen.

Beispiele: Tobi machte sich – er hatte stundenlang auf Lena gewartet – verärgert auf den Heimweg.
Asiatische Sprachkenntnisse (Chinesisch und Japanisch) werden heutzutage immer wichtiger.

203 **Eingeschoben.** Markiere in den folgenden Sätzen die Stellen, die als Einschübe gemeint sind, und füge Gedankenstriche oder Klammern ein.

a Ich war froh, etwas als eine Art Wiedergutmachung für meine Mutter tun zu können.

b Immer mehr Schüler aus meiner Klasse auch die, die eigentlich nicht so viel Geld haben besitzen ein Smartphone.

c Kisten voll mit alten Spielsachen im Lauf der Jahre hatte sich einiges angesammelt schleppte Hansi zum Flohmarkt.

d Die deutschen Vereine Stuttgart, Hannover, Leverkusen und Mönchengladbach waren in der Europa League bisher recht erfolgreich.

e Wir eilten Vater hatte schließlich extra für uns Schweinebraten gemacht schnell nach Hause.

f Johannes Gutenberg der Erfinder des Buchdrucks wurde in Mainz geboren.

g Viele meiner Freundinnen sogar Meike, Inka und Verena dürfen einmal pro Woche in die Disco gehen. Warum ich nicht?

Ein sehr praktisches Satzzeichen ist der **Ergänzungsstrich** – er ermöglicht es nämlich, lästige **Doppelungen zu umgehen**.

Ergänzungsstrich

Wenn Wörter in Aufzählungen gleiche Bestandteile enthalten, muss man diese nicht wiederholen: Der Ergänzungsstrich zeigt an, dass etwas ausgelassen wurde.

- Ergänzungsstrich beim letzten Bestandteil
  Beispiele: Haupt- und Nebenwege, In- und Ausland, saft- und kraftlos
- Ergänzungsstrich beim ersten Bestandteil
  Beispiele: treppauf und -ab, Picasso-Gemälde und -Skizzen, Schulbücher und -hefte

204 **Gut ergänzt.** Markiere in folgenden Aufzählungen die jeweils gleichen Bestandteile und setze sinnvolle Ergänzungsstriche ein.

a vitaminreich und ballaststoffreich ______________________

b hingerissen und hergerissen ______________________

c bergauf und bergab ______________________

d Hundefutter und Hundespielzeug ______________________

e Badtür, Küchentür und Esszimmertür ______________________

f Brecht-Gedichte sowie Brecht-Dramen ______________________

g Vorteile und Nachteile ______________________

h hinuntergehen und hinunterfahren ______________________

i Zugtickets oder Flugtickets ______________________

j Sommerreifen und Winterreifen ______________________

Beim **Apostroph** werden viele Fehler gemacht. Präge dir die Regeln also gut ein.

Apostroph

Der Apostroph zeigt in den meisten Fällen an, dass man bei einem Wort einen oder mehrere **Buchstaben weggelassen** hat.

- Apostroph bei Eigennamen, deren Grundform auf *-s*, *-t(z)* oder *-x* endet
  Beispiele: Ines' Onkel, Heinz' Referat, Felix' Golfschläger
- Apostroph zur Verdeutlichung der Grundform von Eigennamen
  Beispiele: Carlo's Imbiss, die Einstein'sche Formel
- Apostroph bei Wörtern mit Auslassung, die ohne Kennzeichnung schwer lesbar sind
  Beispiele: 's ist ein ständiges Ärgernis, das ist ja 'n Ding
- Apostroph bei Wörter mit Auslassung im Wortinneren
  Beispiele: D'dorf (Düsseldorf), Ku'damm (Kurfürstendamm)

Pluralformen werden **nicht** durch Apostroph vom Rest des Wortes abgetrennt:
Beispiele: Handys, CDs, DVDs.
Auch **Imperative** ohne die Endung *-e* erhalten **keinen** Apostroph:
Beispiele: Komm, bleib, bring.

205 **Apostrophiert.** Kreuze bei folgenden Beispielen an, ob der Apostroph richtig oder falsch verwendet ist.

		richtig	falsch
a	Benimm' dich doch anständig!	☐	☐
b	Daniel geht's heute nicht gut.	☐	☐
c	Findest du Nils' Haare auch so schön?	☐	☐
d	Ich habe zu Hause noch so viele MC's!	☐	☐
e	Heine'sche Naturgedichte	☐	☐
f	Das ist vielleicht 'n Bombenspiel!	☐	☐

206 **Auswahl.** Nur einer der folgenden Sätze ist komplett richtig geschrieben. Kreuze ihn an.

☐ Bring' mir Ines' CDs.
☐ Bring mir Ines' CD's.
☐ Bring mir Ines' CDs.
☐ Bring mir Ines CDs.

21 Rechtschreibtest zur Zeichensetzung

207 **Das Pferd und der Esel.** Füge in der Fabel die fehlenden Satzzeichen ein.

- Ergänze alle fehlenden Kommas. Beachte:
  - Aufzählungen
  - Gegensätze
  - Satzreihen (Hauptsätze)
  - Satzgefüge (Nebensätze, Infinitiv- und Partizipialsätze)
  - Einschübe und Anreden
- Füge die fehlenden Satzzeichen bei der wörtlichen Rede ein:
  - Anführungszeichen
  - Doppelpunkt
  - Komma

Ein Pferd und ein Esel die beide gleichmäßig beladen waren wurden von ihrem Herrn einem herzlosen Bauern zum Markt getrieben. Als sie schon eine gute Strecke zurückgelegt hatten fühlte der Esel dass seine Kräfte zu Ende gingen. Ach bat er das Pferd klagend du bist viel größer und stärker aber musst nicht schwerer tragen als ich. Bitte nimm mir einen Teil der Last ab sonst breche ich zusammen.

Hartherzig schlug ihm das Pferd seine Bitte ab Wo denkst du hin fauler Esel? Ich muss selbst meinen Teil tragen das ist bereits genug.

Heftig keuchend so schleppte sich der Esel weiter bis er schließlich erschöpft zusammenbrach. Vergeblich hieb der Bauer auf ihn ein aber der Esel war tot. Nun blieb dem Bauern nichts anderes übrig als die ganze Last des Esels auf das Pferd zu packen. Rücksichtslos lud er die Satteltaschen das Fass die Decken und das Halfter auf das Pferd. Um auch noch etwas von dem Esel zu retten zog ihm der Besitzer das Fell ab und legte es dem Pferd noch oben drauf.

Zu spät bereute dieses seine Hartherzigkeit. Mit leichter Mühe klagte das Pferd hätte ich dem Esel einen kleinen Teil seiner Last abnehmen und ihn vor dem Tod retten können. Jetzt muss ich seine ganze Last und dazu noch seine Haut tragen.

208 **Vernetzt.** Trage die fehlenden Kommas ein und begründe die Kommasetzung mit der jeweiligen Kommaregel:

- Aufzählung
- Gegensatz
- Satzreihe
- Nebensatz
- Infinitivsatz
- Einschub
- Anrede

a Laut einer aktuellen Umfrage von BITKOM einem Verband der deutschen Informations- und Telekommunikationsbranche nutzen 98 Prozent der 10- bis 18-Jährigen das Internet.

____

b Die Jugendlichen sind vor allem zur Informationssuche zum Abspielen von Filmen und Musik sowie zur Kommunikation mit Freunden im Netz.

____

c Erstaunlich dabei ist dass die jungen Internetnutzer insbesondere für die Schule oder die Ausbildung nach Informationen suchen.

____

d Liebe Lehrer das Onlineangebot sollte daher an Schulen ausgebaut werden.

____

e Online-Gemeinschaften verzeichnen einen regen Zulauf an Mitgliedern über drei Viertel der Jugendlichen sind bereits regelmäßig in sozialen Netzwerken wie Facebook oder Schüler-VZ aktiv.

____

f Soziale Netzwerke haben aber nicht nur positive Auswirkungen sondern bringen auch Gefahren mit sich.

____

g Experten warnen eindringlich davor im Internet zu viele persönliche Daten preiszugeben.

____

Worttrennung am Zeilenende

**Nun sah der Junge ganz deutlich im Spie-
gel, dass der Deckel der Truhe offenstand.
Er konnte nicht begreifen, wie das zugegan-
gen war.**

**Nun sah der Junge ganz deutlich im
Spiegel, dass der Deckel der Truhe
offenstand. Er konnte nicht begreifen, wie
das zugegangen war.**

Vielleicht hast du dich schon einmal gefragt, warum man Wörter überhaupt trennen muss. Eigentlich könnte man ja jedes Wort, das nicht mehr in die Zeile passt, einfach in die nächste schreiben. Im Grunde ist das auch richtig, doch dabei entstehen unschöne **Lücken im Textfluss**. Außerdem benötigt man dann viel mehr Platz. Besonders bei **computergeschriebenen Texten** sollte man das vermeiden. Schau dir nur einmal die Sätze oben an!
Deshalb lernst du in diesem Kapitel, wie man deutsche (und auch fremde) Wörter richtig trennt.

22 Trennen von Wörtern

Deutsche Wörter zu trennen ist nicht besonders schwierig. Fast immer stimmen nämlich die Trennstellen mit den **Silbengrenzen** überein. Silben sind Einheiten, in die man Wörter bei langsamem Vorlesen zerlegen kann.

Trennung mehrsilbiger Wörter

- Nur Wörter, die aus mehr als einer Silbe bestehen, kann man trennen. Um die Silbengrenze herauszufinden, sprichst du dir die Wörter am besten laut und langsam vor.
  Beispiele: Steu-ern, Ba-de-zim-mer, ver-eh-ren, bläu-lich
- Einzelne Buchstaben werden nicht abgetrennt.
  Beispiele: Abend, Esel, schaue
- Trennungen, die den Leser in die Irre führen, solltest du nach Möglichkeit vermeiden.
  Beispiele: Sprech-erzieher (nicht: Sprecher-zieher)
  Druck-erzeugnis (nicht: Drucker-zeugnis)
  Ur-instikt (nicht: Urin-stinkt)

209 **Getrennt.** Trenne in folgendem Text alle Wörter, indem du an jeder möglichen Trennstelle einen Strich | ziehst.

Kleine Fabel (Franz Kafka)

„Ach“, sagte die Maus, „die Welt wird enger mit jedem Tag. Zuerst war sie so breit, dass ich Angst hatte, ich lief weiter und war glücklich, dass ich endlich rechts und links in der Ferne Mauern sah, aber diese langen Mauern eilen so schnell aufeinander zu, dass ich schon im letzten Zimmer bin, und dort im Winkel steht die Falle, in die ich laufe.“ – „Du musst nur die Laufrichtung ändern“, sagte die Katze und fraß sie.

Wenn du die **Wortbildung** deutscher Wörter durchschaust, vereinfacht das in einigen Fällen die Entscheidung, wo man trennen muss.

Trennung zusammengesetzter und abgeleiteter Wörter

Zusammengesetzte Wörter (Komposita) und Wörter mit Vorsilbe (Präfix) oder Nachsilbe (Suffix) trennst du zwischen den einzelnen Bestandteilen.

Beispiele:	Stall-tür, See-ufer	(Komposita)
	Vor-sicht, ent-stellt	(Vorsilben)
	heim-lich, Kanz-ler	(Nachsilben)

210 **Verbundenes trennen.** Bilde zusammengesetzte Wörter mit den vorgegebenen Bausteinen und zeichne die Trennstellen ein.

a Nomen

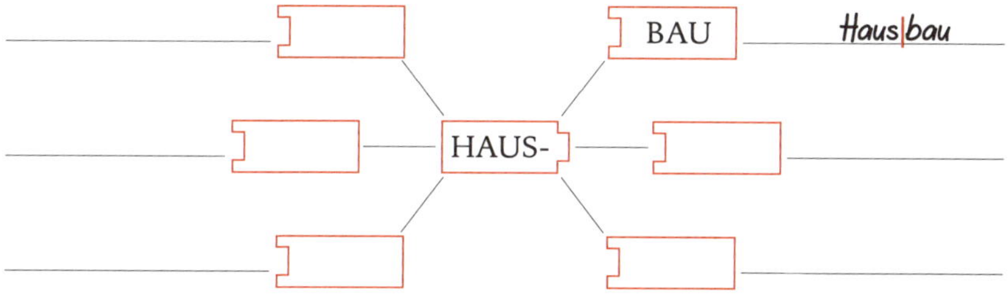

b Nomen

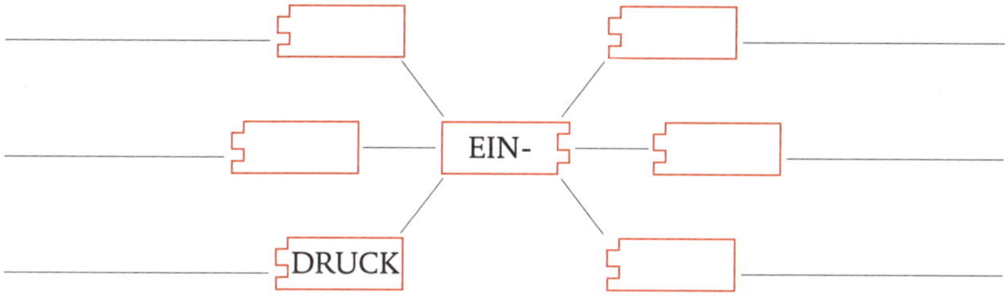

c Adjektive

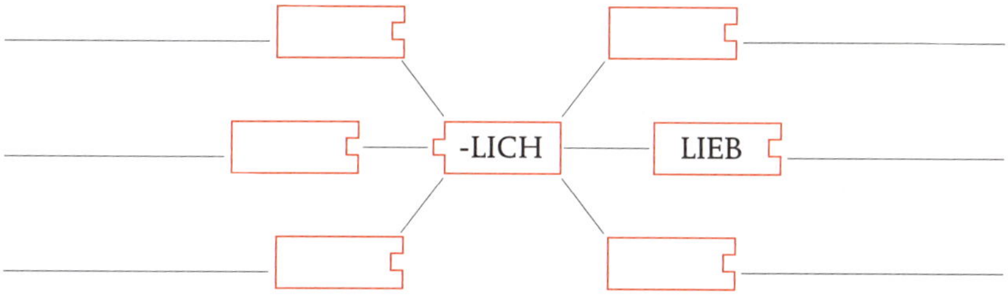

An manchen Stellen darf man Wörter auf keinen Fall trennen.

Trennung bei festen Buchstabenverbindungen
Die Buchstabenverbindungen *ch*, *sch*, und *ck* trennt man nicht.
Beispiele: ma-chen, dich-ten; Deut-scher, fi-schen; He-cke, fa-ckeln

211 **Tierisch.** Trenne im folgenden Text alle Wörter, indem du Trennstriche | setzt. Achte auf feste Buchstabenverbindungen.

Eine der beliebtesten Hunderassen der Deutschen ist der Dackel.
Man nennt ihn auch Dachshund oder Teckel. Dieser Hund zeichnet
sich aus durch seinen niedrigen und langgezogenen Wuchs.
Es gibt viele verschiedene Größen und Fellarten. Sein forsches
Wesen und sein starkes Selbstbewusstsein verursachen manchmal
Streitereien mit anderen Hunden. Gezüchtet wurde der Dackel
für die Jagd.

Du hast nun gelernt, wie man deutsche Wörter richtig trennt. In unserer Sprache gibt es aber auch viele **Fremdwörter**.

Trennung von Fremdwörtern
Bei Fremdwörtern gelten besondere Regeln: Man kann sie entweder nach Sprechsilben trennen oder nach den zusammengesetzten Bausteinen der Ursprungssprache. Da es oft sehr schwierig ist, diese einzelnen Bausteine zu erkennen, solltest du hierzu ein **Wörterbuch** benutzen.
Beispiele: Helikop-ter / Heliko-pter, inte-ressant / inter-essant

212 **Fremde Welten.** Schlage die folgenden Fremdwörter in einem Lexikon nach und notiere jeweils die möglichen Trennungen.

a Teleskop ______________________

b Parodie ______________________

c Spektrum ______________________

d Tetrapak ______________________

e extra ______________________

f Hektar ______________________

Konsonantenverbindungen bei Fremdwörtern sind besonders zu beachten.

Konsonantenverbindungen bei Fremdwörtern
Bei der Verbindung eines Konsonanten + *l*, *n* oder *r* gibt es zwei Möglichkeiten: Entweder trennt man die beiden Konsonanten oder sie kommen ungetrennt auf die neue Zeile.
Beispiele: Zy**k**-**l**us / Zy-**kl**us, Fe**b**-**r**uar / Fe-**br**uar, qua**d**-**r**atisch / qua-**dr**atisch

213 **Identifiziert.** Unterstreiche in folgendem Text die sieben Fremdwörter und notiere sie mit ihren jeweiligen Trennungsmöglichkeiten.

Ich mache gerne Urlaub in Frankreich. Da ich in der Bretagne ein Landhaus besitze, bin ich mindestens zweimal im Jahr dort. Allerdings ist mein Haus ziemlich weit ab vom Schuss, und die Infrastruktur ist schlecht. So dauert es immer ein wenig, bis ich vom Flughafen dorthin komme. Mein Haus ist wunderschön möbliert und ich habe einen großen Garten. Die Bewässerung der Pflanzen ist elektrisch gesteuert. Falls sie einmal ausfallen sollte, hat sich aber mein Nachbar Monsieur Simon, ein echter Patriot, dazu bereit erklärt, selbst Hand anzulegen, damit nichts vertrocknet. Monsieur Simon ist eben ein echter Gentleman! So lässt es sich leben wie Gott in Frankreich …

23 Rechtschreibtest zur Worttrennung am Zeilenende

214 **Der gottüberlegene Jakob.** Setze in folgendem Auszug aus der Erzählung „Dorfgänge“ von Ludwig Anzengruber alle möglichen Trennstriche. Beachte:

- Silbengrenzen
- zusammengesetzte und abgeleitete Wörter
- feste Buchstabenverbindungen
- Fremdwörter

Die Frühmesse war vorbei, die Leute drängten aus der Kirche, verloren sich auf verschiedenen Wegen nach ihren Gehöften oder verhielten sich wohl auch plaudernd, in Gruppen, auf dem großen Platz. Im Gotteshaus blieben nur diejenigen zurück, die ein besonderes Anliegen auf dem Herzen hatten.

In der letzten Kirchenbank saß, in eine Ecke gedrückt, ein gar schmächtiges Bäuerlein. Der große Hut, der neben ihm auf dem Sitzbrett lag, sah danach aus, als könne er sich über das ganze Männchen stülpen, dass nichts hervorsähe als die Schuhspitzen. Durch eine Rosette aus farbigen Gläsern, oberhalb eines Seitenaltars, fiel ein Lichtstreif quer in das Schiff der Kirche und ließ die Weste des Beters in brennendem Rot aufleuchten. Ein paar tiefe Falten durchfuhren sie, wie sie so schlotterig über seiner eingesunkenen Brust hing, und von den kugeligen, bleiernen Knöpfen fehlte einer.

Jakob Wiesner hieß der Mann im Betstuhl …

Lösungen

Hier kannst du nachschlagen, wenn du Hilfe brauchst. Auf den folgenden Seiten findest du die **Lösungen zu allen Aufgaben**.

- Versuche zunächst, jede Aufgabe selbstständig zu lösen.
- Vergleiche deine Lösung dann mit den Musterlösungen.
- Prüfe genau! Damit du dich schneller orientieren kannst, wurden viele der Lösungen fett hervorgehoben.
- Wenn deine Lösung falsch war, solltest du den zugehörigen Merkkasten noch einmal aufmerksam lesen und die Übung zu einem späteren Zeitpunkt wiederholen.

Groß- und Kleinschreibung

Erpresserbrief

Die kleinen und großen Buchstaben sind in meiner Gewalt! Ohne meine Hilfe werdet ihr sie nicht wiederfinden. Ich fordere eine Million in kleinen Scheinen. Kein Wort zur Polizei! Übergabe heute Nachmittag am Platz der Freiheit.
Der Erpresser

1 **a**

b

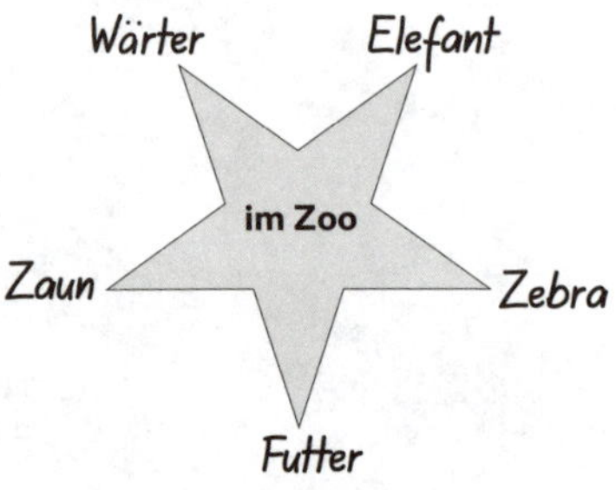

2

anfassen	sehen	hören	riechen	schmecken
Glas	Blitz	Donner	Parfüm	Milch
Decke	Sonne	Glocke	Blume	Salz
Nadel	Horizont	Lied	Rauch	Schokolade

3 Kummer, Problem, Erfolg, Fantasie

4 **a** Baum, Hund
b Lied, Wasser
c Angst, Hoffnung
Keine Nomen: dunkel, spielen

5 **a** lebensfroh
b Übermut
c Blaulicht
d grasgrün

6 **a** Frech**heit**
b Verständ**nis**
c Wirt**schaft**
d Lehr**ling**
e Bewunder**ung**
f Lamp**ion**
g Möglich**keit**
h Wachs**tum**
i Gemein**schaft**, Gemein**heit**
j Eigen**schaft**, Eigen**heit**, Eigen**tum**

7

G	R	A	F	S	C	H	A	F	T	X	R
U	Z	F	H	J	A	C	N	R	Y	R	E
Z	E	U	G	N	I	S	P	E	Z	O	I
E	I	N	S	A	M	K	E	I	T	H	C
Q	T	T	E	G	K	M	S	H	L	L	H
M	U	C	D	K	L	R	S	E	T	I	T
N	N	P	B	S	T	A	D	I	O	N	U
Y	G	I	R	N	O	P	X	T	N	G	M

Grafschaft
Zeugnis
Einsamkeit
Stadion
Zeitung
Freiheit
Rohling
Reichtum

8

Nomen	Adjektive
Fäulnis	stürmisch
Setzling	ergiebig
Trockenheit	fruchtbar
Bedürftigkeit	wertvoll
Verwitterung	ertragreich
Landschaft	ergebnislos
Grundeigentum	nützlich
Erosion	vorteilhaft

9 **Der Rabe und der Fuchs**

Ein Rabe hatte einen Käse gestohlen. Er flog damit auf einen Baum und wollte dort die Beute verzehren. Da der Rabe aber beim Essen nicht schweigen kann, hörte der vorbeikommende Fuchs den Raben über dem Käsestück krächzen. Er lief eilig hin und begann, den Raben zu loben: „Was bist du für ein wunderbarer Vogel. Wenn du so schön singst, wie du aussiehst, sollte man dich zum König der Vögel krönen!“ Dem Raben gefielen die Schmeicheleien so gut, dass er den Schnabel weit aufsperrte, um dem Fuchs etwas vorzusingen. Dabei fiel ihm der Käse herunter. Der Fuchs hob ihn schnell auf und lachte über den dummen Raben.

10

a **Die** Katzen essen gern **einen** Thunfisch.

b Auf **den** Jahrmärkten herrscht immer **ein** buntes Treiben.

c **Das** Baden an **den** wilden Stränden erfolgt auf **die** eigene Gefahr.

11 An einem ~~überaus heißen~~ sommertag beenden die ~~schweißgebadeten~~ lehrer den ~~quälenden~~ unterricht eine ~~ganze~~ stunde eher und entlassen die ~~darüber lauthals jubelnden~~ schüler in das ~~wohlverdiente~~ wochenende. Die ~~überwiegende~~ mehrheit der ~~freudestrahlenden~~ schüler macht sich sofort auf den ~~nicht allzu langen~~ weg in die ~~nahe gelegene~~ eisdiele, um sich dort mit einem ~~erfrischenden~~ eis abzukühlen.

An einem Sommertag beenden die Lehrer den Unterricht eine Stunde eher und entlassen die Schüler in das Wochenende. Die Mehrheit der Schüler macht sich sofort auf den Weg in die Eisdiele, um sich dort mit einem Eis abzukühlen.

12

- **a** **Dieses** Rätsel ist ganz einfach, das kann doch **jedes** Kind lösen.
- **b** Nelly hat an **jenem** Tag **viel** Lob bekommen.
- **c** Ben ist unsicher, er hat **wenig** Vertrauen in **seine** Fähigkeiten.
- **d** Hier ist **etwas** Geduld gefragt, **manche** Dinge kann man nicht erzwingen.
- **e** Felix hat **alle** Freunde verärgert, **kein** Mensch ist mehr auf **seiner** Seite.

13 Jeden Samstag ist auf dem Rathausplatz ein großer Wochenmarkt. Die Besucher finden dort viele Köstlichkeiten. An den Obst- und Gemüseständen bieten die Marktfrauen ihre Ware an. Vom Apfel bis zur Zwiebel bekommt man hier alles ganz frisch. Eine freundliche Blumenhändlerin, die ihren Stand genau neben dem Eingang zum historischen Rathaus hat, schenkt jeder Braut nach der standesamtlichen Trauung eine Rose und gibt dem Ehemann noch einige Worte mit auf den Weg: „Eine schöne Blume blüht nur dann lange, wenn man sie gut pflegt."

14

- **a** Jetzt muss ich erst mit meinen Eltern zu Mittag **essen**. Aber nach dem **Essen** komme ich gerne bei dir vorbei.
- **b** Hör auf zu **jammern**, dein **Jammern** geht mir ziemlich auf die Nerven.
- **c** Wer übernimmt heute das **Kochen**? Soll ich am Abend **kochen**?
- **d** Dein **Lachen** ist richtig ansteckend. So laut konnte ich schon lange nicht mehr **lachen**.

15

a Wir haben einen **neuen** Deutschlehrer, ansonsten gibt es wenig **Neues** zu berichten.

b In dem Film gibt es eine **lustige** Szene. Ansonsten passiert nicht viel **Lustiges**.

c Nach dem Skifahren braucht man etwas **Warmes**. Ich freue mich daher schon auf einen **warmen** Kakao.

d Ich wünsche mir eine **gute** Note. Aber der Blick meiner Mathelehrerin verheißt nichts **Gutes**.

16

a Ich finde, (**das**) *lesen / Lesen* ist spannend.

b Es macht Spaß, mit dir zu *spielen / Spielen*.

c Ihr Lieblingssport ist (**das**) *schwimmen / Schwimmen*.

d Willst du mit mir *tanzen / Tanzen*?

e Du solltest (**etwas**) *wichtiges / Wichtiges* besser gleich erledigen.

f Langes (**Das lange**) *gehen / Gehen* strengt ihn an.

17

a Ziegelsteine braucht man **zum Bauen** von Häusern.

b Markus hat sich **beim Joggen** den Fuß verstaucht.

c Regine hat **vom Baden** einen Sonnenbrand bekommen.

d Komm herein **ins Trockene** und wärme dich auf.

e Mein fauler Bruder ist **fürs Arbeiten** nicht geschaffen.

f Wenn ich **ans Trinken** denke, bekomme ich Durst.

g Unsere Pläne hängen **im Wesentlichen** vom Wetter ab.

h Neele wurde auf dem Kostümfest **zur Witzigsten** gewählt.

18 Das Schulfest soll dieses Jahr etwas ganz Besonderes werden. Maja und ihre Klasse kümmern sich um die Verpflegung. Sie überlegen, was sie zubereiten könnten. Am Nachmittag wollen sie etwas Süßes und am Abend etwas Herzhaftes zum Essen anbieten. Der Lehrer schickt Maja und Timo zum Einkaufen, um alles Notwendige zu besorgen. Damit sie nichts Wichtiges vergessen, haben sie einen Zettel mitgenommen. Beim Zubereiten der Speisen hilft dann die ganze Klasse mit. Die Jungen übernehmen das Belegen der Wurst- und Käsebrötchen und die Mädchen sind fürs Backen der Kuchen zuständig. Wenn alles fertig ist, kann mit dem Feiern begonnen werden.

19 a ▶ Jasmins Kleid ist das **schönste** auf dem Abschlussball.
▶ In dem Kleid ist Jasmin an diesem Abend die **Schönste**.
▶ Ihr Kleid ist mit Abstand am **schönsten**.

b ▶ Zahlenrätsel finde ich am **schwierigsten**.
▶ Dieses Rätsel ist das **schwierigste**.
▶ Das **Schwierigste** dabei ist, ruhig und konzentriert zu bleiben.

c ▶ Robert springt in seiner Klasse am **weitesten**.
▶ Das **Weiteste**, das er je gesprungen ist, sind 5,19 m.
▶ Heute waren 5,05 m sein **weitester** Sprung.

20 a Auf die meisten Menschen wirkt *~~grün~~ / Grün* beruhigend.
→ *Frage:* **Was** wirkt auf die meisten Menschen beruhigend?

b Der Lehrer unterstreicht unsere Fehler *rot / ~~Rot~~*.
→ *Frage:* **Wie** unterstreicht der Lehrer unsere Fehler?

c Deine Augen leuchten, ein solches *~~blau~~ / Blau* sieht man selten.
→ *Frage:* **Was** sieht man selten?

d Ich finde, *~~gelb~~ / Gelb* steht dir nicht, es macht dich blass.
→ *Frage:* **Was** steht dir nicht?

e Meine Schwester färbt sich ihre Haare *schwarz / ~~Schwarz~~*.
→ *Frage:* **Wie** färbt sich meine Schwester ihre Haare?

f Diese Saison ist *~~lila~~ / Lila* wieder Modefarbe.
→ *Frage:* **Was** ist diese Saison wieder Modefarbe?

g Das neue Auto unseres Fußballtrainers ist *silber / ~~Silber~~*.
→ *Frage:* **Wie** ist das neue Auto unseres Fußballtrainers?

21 a Du hast kein *~~recht~~ / Recht*, so mit mir zu sprechen.

b Der Vertrag ist das Papier nicht *wert / ~~Wert~~*, auf dem er geschrieben steht.

c Wenn wir uns noch eine *~~pleite~~ / Pleite* erlauben, steigt die Mannschaft ab.

d Seine kranke Mutter erträgt ihr *~~leid~~ / Leid* sehr tapfer.

e Es ist nicht deine *~~schuld~~ / Schuld*, dass wir verloren haben.

f Der Angeklagte hat das *~~recht~~ / Recht* zu schweigen.

g Das Handy war sehr teuer, aber heute ist es fast nichts mehr *wert / ~~Wert~~*.

h Das Unternehmen ist *pleite / ~~Pleite~~*, es schreibt schon lange rote Zahlen.

i Der Lehrer ist es *leid / ~~Leid~~*, seine Schüler immer wieder zu ermahnen.

j Der LKW-Fahrer ist *schuld / ~~Schuld~~* an dem Auffahrunfall.

k Meinen Eltern ist es nicht *recht* / ~~*Recht*~~, dass ich auf die Party gehe.

l Das Grundstück ist in bester Lage, es hat einen hohen ~~*wert*~~ / *Wert*.

m Dem überschuldeten Staat droht die ~~*pleite*~~ / *Pleite*.

n Pass auf deine kleine Schwester auf, damit ihr kein ~~*leid*~~ / *Leid* zustößt.

o Das schöne Wetter ist *schuld* / ~~*Schuld*~~ daran, dass ich nicht lernen konnte.

22 **a** Es gelang uns nur *dank* / ~~*Dank*~~ Ihrer Hilfe, dieses Problem zu lösen.

b Viel ~~*zeit*~~ / *Zeit* verging, bis die Feuerwehr eintraf.

c Um des lieben Friedens *willen* / ~~*Willen*~~ gab Fritz im Streit mit seinem Bruder nach.

d Hiermit erkläre ich Sie *kraft* / ~~*Kraft*~~ meines Amtes zu Mann und Frau.

e Zum ~~*dank*~~ / *Dank* überreichte die Direktorin Herrn Wieland einen großen Blumenstrauß.

f Du kannst nicht *zeit* / ~~*Zeit*~~ deines Lebens darauf vertrauen, dass dir deine Eltern bei allem helfen!

g Immer muss Bella ihren ~~*willen*~~ / *Willen* durchsetzen!

h Mit allerletzter ~~*kraft*~~ / *Kraft* robbte der Schwimmer noch ans rettende Ufer.

i Ich schulde dir ~~*dank*~~ / *Dank*.

j Zur ~~*zeit*~~ / *Zeit* unseres Großvaters stand das Klo noch draußen im Hof.

k Hat die Mannschaft jetzt noch den ~~*willen*~~ / *Willen*, das Spiel zu drehen?

l Es gelingt Herrn Schieber *kraft* / ~~*Kraft*~~ seiner Statur, die schweren Kisten alleine hochzutragen.

23 **a** Die Bremer Stadtmusikanten

b Des Kaisers neue Kleider

c Das hässliche junge Entlein

d Der Froschkönig oder der eiserne Heinrich

24 Hi Tim! Wo steckst du? Ich warte am Bonner Platz im Café Bazar auf dich. Beeil dich! Viele Grüße Leonie

25 **Bulle stört Mittagsschlaf**

Preetz. Durch lautes Scherbenklirren wurden Hildegard und Werner Müller, ein älteres Ehepaar aus Preetz, gestern aus dem Mittagsschlaf geschreckt. Ein junger Bulle stand schnaubend mitten im Schlafzimmer. Er war über die Terrasse durch die Tür gestürmt, nachdem ihn auf der benachbarten Weide eine Wespe gestochen hatte. Durch den Wespenstich war er so wild geworden, dass er den Elektrozaun durchbrach und geradewegs auf das Haus der Familie Müller zusteuerte. Sein Besitzer, Alfred Schmitz aus Ludwigsburg, traf kurze Zeit später im Haus der Müllers ein. Widerstandslos ließ sich der Bulle wieder auf seine Weide zurückbringen. Das Ehepaar Müller kam mit einem leichten Schrecken davon.

26 Hallo Kati!

Ich sende **dir** viele liebe Grüße von der schönen Nordsee! Sorry, dass ich es vorm Urlaub nicht mehr zu **dir** ins Krankenhaus geschafft habe und **dich** nicht mehr besuchen konnte. Ich hoffe, dass **dein** gebrochenes Bein schnell wieder heilt und **du** mit **deinen** Eltern auch noch wegfahren kannst. Wolltet **ihr** nicht nach Italien? Steht **euer** Urlaubsplan noch? Ich drücke **euch** die Daumen, dass es mit **eurer** Reise doch noch klappt. Gute Besserung und schöne Ferien!

Deine Angela

oder:

Hallo Kati!

Ich sende **Dir** viele liebe Grüße von der schönen Nordsee! Sorry, dass ich es vorm Urlaub nicht mehr zu **Dir** ins Krankenhaus geschafft habe und **Dich** nicht mehr besuchen konnte. Ich hoffe, dass **Dein** gebrochenes Bein schnell wieder heilt und **Du** mit **Deinen** Eltern auch noch wegfahren kannst. Wolltet **Ihr** nicht nach Italien? Steht **Euer** Urlaubsplan noch? Ich drücke **Euch** die Daumen, dass es mit **Eurer** Reise doch noch klappt. Gute Besserung und schöne Ferien!

Deine Angela

27 Liebe Julia,

wir gratulieren **dir** zu **deinem** 13. Geburtstag und wünschen **dir** für das neue Lebensjahr viel Mut, Kraft und Zuversicht für alles, was **du dir** vorgenommen hast. Wir sind stolz auf **dich** und finden, dass **du** ein wunderbarer Mensch bist.

Deine Großeltern
Anne und Hans

oder:

Liebe Julia,
wir gratulieren **Dir** zu **Deinem** 13. Geburtstag und wünschen **Dir** für das neue Lebensjahr viel Mut, Kraft und Zuversicht für alles, was **Du Dir** vorgenommen hast. Wir sind stolz auf **Dich** und finden, dass **Du** ein wunderbarer Mensch bist.
Deine Großeltern
Anne und Hans

28 Sehr geehrte Damen und Herren,

letzte Woche habe ich bei **Ihnen** in **Ihrem** Online-Shop eine Jeans im Wert von 49,95 Euro bestellt. Laut **Ihren** im Internet veröffentlichten Lieferbedingungen verschicken **Sie** die Ware ab einem Einkaufswert von 30 Euro portofrei. **Ihre** Rechnung (Nr. 32510) weist aber Portogebühren in Höhe von 7,90 Euro auf. Ich fordere **Sie** daher auf, **Ihre** Rechnung zu berichtigen. Vielen Dank!

Mit besten Grüßen
Daniel Steiger

29 Bewerbung um einen Ausbildungsplatz in Ihrem Unternehmen

Sehr geehrter Herr Faller,
wie **Sie** mir telefonisch mitgeteilt haben, bilden **Sie** auch im nächsten Jahr in **Ihrem** Betrieb wieder aus. Hiermit bewerbe ich mich bei **Ihnen** um einen Ausbildungsplatz als Goldschmiedin.
Im November vorigen Jahres habe ich in **Ihrem** Betrieb bereits ein Praktikum absolviert, das meinen Berufswunsch bestätigt hat. Dabei durfte ich **Ihnen** unter anderem bei kleineren Reparaturen behilflich sein. Die Arbeit bei **Ihnen** fand ich sehr interessant und auch **Ihr** Betriebsklima hat mir gut gefallen. In **Ihrer** Bewertung, die ich der Bewerbung beilege, haben **Sie** mir eine sehr gute Eignung für den Beruf bescheinigt.
Derzeit besuche ich die Heinrich-Heine-Schule in Neustadt, die ich im Sommer mit der Mittleren Reife verlassen werde. Mein Lieblingsfach Kunst und das Wahlfach Werken geben mir sicher eine gute Grundlage für die Ausbildung bei **Ihnen**.
Ich bedanke mich für **Ihr** Interesse und freue mich über eine Einladung zu einem Vorstellungsgespräch in **Ihrem** Haus.

Mit freundlichem Gruß
Magdalena Schönhofer

30 **a** Heute *morgen* / *<u>Morgen</u>* bin ich schon vor dem Wecker aufgewacht.
b Peter ist ganz nervös, denn *<u>morgen</u>* / *Morgen* schreibt er eine Klassenarbeit.
c Alicia isst jeden *morgen* / *<u>Morgen</u>* Müsli zum Frühstück.
d Was du heute kannst besorgen, das verschiebe nicht auf *<u>morgen</u>* / *Morgen*.
e Kemal mag das frühe Aufstehen am *morgen* / *<u>Morgen</u>* nicht.
f Ich muss für *<u>morgen</u>* / *Morgen* noch meine Hausaufgaben machen.
g Rainers Flieger landet *<u>morgen</u>* / *Morgen* am frühen *morgen* / *<u>Morgen</u>*.

31 Es fällt mir schwer, **morgens** aus den Federn zu kommen, weil ich am **Abend** ungern früh ins Bett gehe und oft noch bis spät in die **Nacht** hinein lese. Am **Morgen** fällt dann schon manchmal mein Frühstück aus, damit ich den Bus zur Schule noch rechtzeitig erwische. Am **Vormittag** kaufe ich mir in der Pause dann meistens ein Käsebrötchen und **mittags** esse ich immer in der Schulkantine. Den **Nachmittag** verbringe ich in der Hausaufgabenbetreuung und danach bin ich häufig noch beim Sport, sodass ich erst **abends** nach Hause komme und natürlich noch nicht gleich ins Bett gehen möchte. Deshalb bekomme ich **nachts** wieder zu wenig Schlaf und am nächsten **Morgen** geht das gleiche Spiel von vorn los.

32
- Am Sonntagabend strahlt das Erste den „Tatort" aus.
- Bei RTL läuft am frühen Abend montags bis freitags die Daily Soap „Gute Zeiten, schlechte Zeiten".
- SAT 1 zeigt täglich außer samstags und sonntags am frühen Nachmittag die Gerichtsshow „Richterin Barbara Salesch".
- RTL überträgt heute Nacht ein Rennen der Formel 1.
- Auf Pro Sieben läuft morgen Abend der Spielfilm „James Bond 007: Goldeneye".

33
⊙ Hallo Anna! Hier ist Florina. Was machst du **heute**? Hast du Zeit, dass wir uns am **Nachmittag** treffen?

○ Hi Florina, **heute Nachmittag** muss ich dringend lernen, aber am **Abend** habe ich Zeit.

⊙ Schade, **montags** kann ich nur **nachmittags**, **abends** habe ich immer Training. Wie wäre es mit **morgen Nachmittag**?

○ Der **Dienstagnachmittag** ist immer total voll: Ich bin von **mittags** bis **abends** unterwegs: erst Klavier, dann Nachhilfe und danach Ballett.

⊙ Wie sieht's bei dir diesen **Mittwoch** aus?

o Prima, **mittwochnachmittags** ist immer gut. Dann bis **übermorgen**!

34 das **s**chwedische Möbelhaus IKEA, **b**ayerisches Bier, die **C**hinesische Mauer, **S**chweizer Schokolade, der **K**ölner Dom

ein **W**iener Kaffeehaus, der **a**merikanische Präsident, **T**hüringer Rostbratwurst, der **a**frikanische Dschungel, die **S**chwäbische Alb

35 a Der kleine Jakob kann schon bis **hundert** zählen.

b Mein Großvater geht auf die **Achtzig** zu.

c Die Firma verlor ein **Fünftel** des Umsatzes.

d Mike hat in der Deutschprüfung eine **Eins** geschrieben.

e Jeder **siebte** Schüler in unserer Klasse hat ein Mofa.

f Anja kam erst nach **zwölf** nach Hause.

g Um zu gewinnen, muss er eine **Sechs** würfeln.

h Sie wurde **Dritte** im Mathematikwettbewerb.

i Alle **zwanzig** Kinder waren jünger als **zehn**.

j Ein Lichtjahr sind rund **neun Billionen vierhundertsechzig Milliarden siebenhundertdreißig Millionen vierhundertzweiundsiebzigtausendfünfhunderteinundachtzig** Kilometer.

36 **Traumurlaub**

In den Sommerferien machen wir etwas Tolles. Wir fliegen nach Spanien. Dort machen wir zwei Wochen Urlaub am Meer. Das ist mein erster Flug. Ich bin schon sehr gespannt aufs Fliegen. Wir starten am Samstagmorgen vom Frankfurter Flughafen und kommen mittags in unserem Hotel an. Mit dieser Reise geht für mich ein Traum in Erfüllung. Ich freue mich am meisten auf das Baden im blauen Wasser und das Entspannen am Strand. Das wird mit Sicherheit ein traumhaftes Erlebnis. (78 Wörter)

37

Beispielsätze	Lösungsstrategie
Er ist ohne **H**offnung.	Ich achte auf typische Wortendungen. oder: Ich mache die Begleiterprobe.
Sie tut viel **G**utes.	Ich achte auf typische Begleitwörter. (hier: Indefinitpronomen)
Sie hilft ihm beim **Ü**ben.	Ich achte auf typische Begleitwörter. (hier: versteckter Artikel)
Die Übungen sind sehr **h**ilfreich.	Ich achte auf typische Wortendungen. (hier: Adjektivendung)

38

- [ ] An seinem verhalten ist nichts Auffälliges zu erkennen.
- [ ] An seinem Verhalten ist Nichts auffälliges zu Erkennen.
- [x] An seinem Verhalten ist nichts Auffälliges zu erkennen.
- [ ] An Seinem Verhalten ist nichts Auffälliges zu Erkennen.

39 Da die Schlange ihre Beute im Ganzen verschlingt, führt das Fressen und Verdauen bei ihr im Allgemeinen zur Erschöpfung.

Vokale und Konsonanten

40

Wörter mit kurzem Vokal		Wörter mit langem Vokal
Doppelkonsonant	mehrere Konsonanten	einfacher Konsonant
Messer	Enkel	Blut
Brille	Sekt	Blume
hoffen	stumpf	Tafel
sammeln	sandig	mutig
hell	Hand	Rede
Fass	Winter	Tag
Donner	kosten	klar
Lappen	wandern	Schere

41
- **a** ~~Kur~~, Korb, Koch, Kamm
- **b** Hütte, Halle, ~~Hose~~, Hilfe
- **c** Tank, Tipp, ~~Tür~~, Tritt
- **d** Schlüssel, ~~Schaden~~, Schlitten, Schulden

Begründung: In den durchgestrichenen Wörtern werden die betonten Vokale lang gesprochen, in allen anderen werden sie kurz gesprochen.

42
- **a** Lö**ff**el
- **b** So**nn**e
- **c** Ka**mm**
- **d** We**tt**er
- **e** E**bb**e
- **f** He**rr**
- **g** Ba**gg**er
- **h** Pu**pp**e
- **i** We**ll**e
- **j** Wa**ss**er
- **k** Pa**dd**elboot

43
- **a** der Ha**ss** — der Ha**s**e
- **b** die Mu**tt**er — der Mu**t**
- **c** der To**n** — die To**nn**e
- **d** der Pu**d**el — der Pu**dd**ing
- **e** die Scha**l**e — der Scha**l** *(Tuch) oder:* der Scha**ll** *(Lärm)*

Strategie: Ich achte auf die Länge des Vokals. Nach einem langen Vokal folgt ein einfacher Konsonant, nach einem kurzen Vokal steht ein Doppelkonsonant.

44 KIS|SEN, SCHÜT|TELN, RET|TEN, PFAR|RER, LAS|SEN, HIM|MEL, BET|TELN, WET|TEN, RIT|TER, ES|SEN, KOM|MEN, STIM|ME, SCHRIT|TE, MÄN|NER, KEN|NEN, OF|FEN, IR|REN, AL|LES, MAS|SE, AL|LEIN, IM|MER, NEN|NEN, WIS|SEN, REN|NEN, SON|NE, FAL|LEN, WIL|LE, STEL|LEN, KUM|MER, SAM|MELN, KLAS|SE, DOP|PELT, FET|TIG, LOT|TO, NON|NE, WAN|NE

45

Doppelkonsonant?	Prüfwort (Verlängerung)	richtige Schreibweise
das Bet *oder* das Bett?	die Bet – ten	das Bett
hel *oder* hell?	hel – ler	hell
sie rent *oder* sie rennt?	ren – nen	sie rennt
der Hut *oder* der Hutt?	die Hü – te	der Hut
er hoft *oder* er hofft?	hof – fen	er hofft
rot *oder* rott?	ro – te (Rose)	rot
das Rad *oder* das Radd?	die Rä – der	das Rad
ich mus *oder* ich muss?	müs – sen	ich muss
schmal *oder* schmall?	schma – ler	schmal
nas *oder* nass?	nas – se (Schuhe)	nass
der Bal *oder* der Ball?	die Bäl – le	der Ball
ihr komt *oder* ihr kommt?	kom – men	ihr kommt

46
- **a** gewinnen
- **b** Wasser
- **c** kennen
- **d** sammeln
- **e** hassen
- **f** stoppen
- **g** Stimme
- **h** wissen

47 **a**

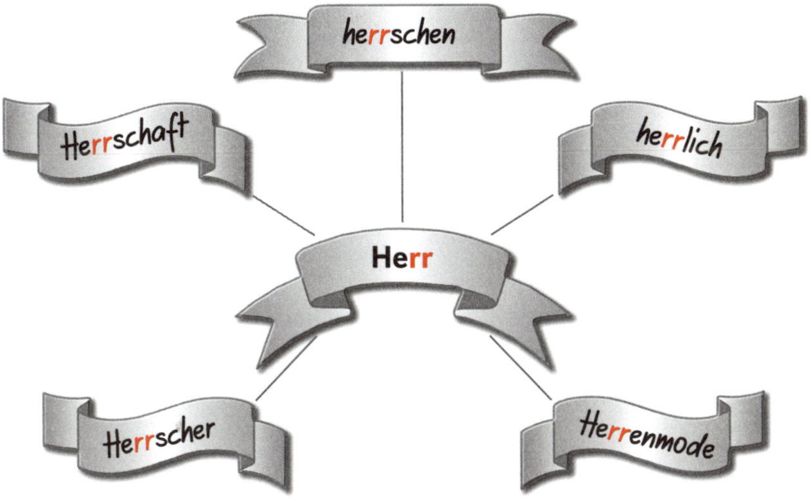

b

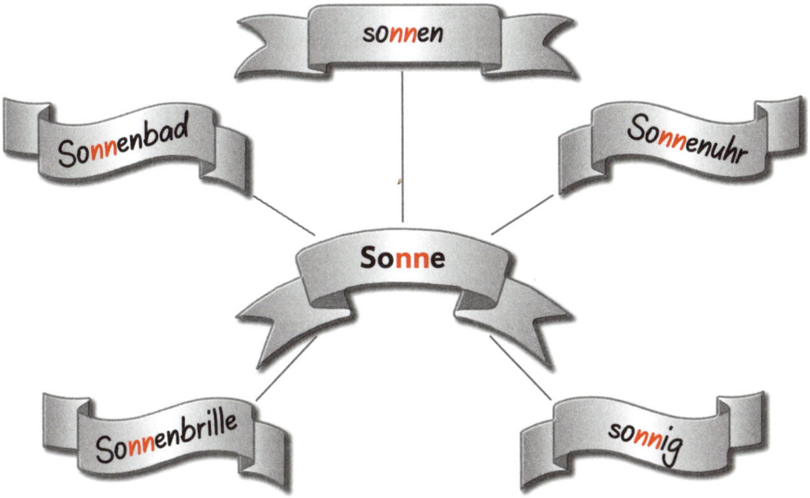

48

Wörter mit kurzem Vokal → ck / tz	Wörter mit langem Vokal → k / z
Jacke	Betthaken
Lücke	Dachluke
Schmutz	Haken
Verletzung	Heizung

49

a Decke
b locker
c Supermarkt
d Winkel
e Bank
f Enkel
g Lack
h tanken
i dunkel
j parken
k Nelke
l Augenblick
m Wolke
n bedanken
o Versteck
p Glocke
q glücklich
r Imker

50

a Salz
b Platz
c Kerze
d Walze
e Kanzler
f kratzen
g witzig
h Herz
i winzig
j Panzer
k setzen
l hetzen
m Latzhose
n Scherz
o tanzen
p Mütze
q Spatz
r Holz

51

a Wecker
b spitzen
c Schnitzel
d sitzen
e Katze
f Deckel
g Schnecke
h Matratze
i Brücke
j Dackel
k trocken

Lösungswort:

a	b	c	d	e	f	g	h	i	j	k
E	I	N	Z	E	L	S	T	Ü	C	K

52

a Im So**mm**er ka**nn** ich mich in den großen Fe**r**ien erho**l**en.

b Die Ma**l**erin hat ein to**ll**es Kunstwerk gescha**ff**en.

c Alex und sein Bru**d**er spielen in derselben Ma**nn**schaft Fußba**ll**.

d Am So**nn**tag mu**ss** ich zum Glü**ck** nicht in die Schu**l**e.

e Das Schi**ff** le**g**t bei Flu**t** im Ha**f**en an.

f Die So**nn**e lä**ss**t sich seit Ta**g**en nicht mehr bli**ck**en.

g Den dre**ck**igen Bo**d**en mu**ss**t du gu**t** schru**bb**en, damit er sauber wird.

h Zum Entspa**nn**en si**tz**e ich i**mm**er auf meinem Lieblingspla**tz** und le**s**e.

53

Einfacher Vokal	Diphthong (Doppellaut)
Ruder	Mäuse
Not	Seife
Weg	Maul
Faden	Kaiser
Tor	Meise
Kabel	Beule
Schule	Eile

54

a Reifen, Regen, Reim, <u>Ruhm</u>, Rasen → **Dehnungs-h**

b Bogen, Beule, <u>Biene</u>, Bote, Braten → **langes ie**

c Schnur, <u>Staat</u>, Schlaf, Star, Schal → **Doppelvokal**

55

nach h folgt l	nach h folgt m	nach h folgt n	nach h folgt r
Fehler	berühmt	Bahn	Uhr
Befehl	Rahmen	ihnen	Lehrer
Wahl	angenehm	Mahnung	kehren
wühlen	lahm	Sohn	Ehre
hohl	Lehm	gähnen	führen
Höhle	ihm	kühn	begehren

56 a Ra?men, ~~re?den~~, Da?me, erzä?len, ~~Gra?s~~, Fa?ne, Schü?ler, ~~Tru?bel~~, Ja?r, ~~Na?se~~, Blu?me, Hu?n, ~~be?ten~~, ne?men, Perso?n, Spu?r, ~~Fra?ge~~, ~~kle?ben~~, Frisu?r, ~~Va?ter~~, To?n, Me?l, ernä?ren, Ta?l

b ▶ Ra**h**men, erzä**h**len, Fa**h**ne, Ja**h**r, Hu**h**n, ne**h**men, Me**h**l, ernä**h**ren
▶ Dame, Schüler, Blume, Person, Spur, Frisur, Ton, Tal

57 a Anfahrt
→ **fahren**

b Lehrling
→ **lehren**

c Auszahlung
→ **zahlen**

d Einwohner
→ **wohnen**

e Gefühl
→ **fühlen**

f Fehlbetrag
→ **fehlen**

g Arbeitnehmer
→ **nehmen**

h Anführer
→ **führen**

58

	S				Z				
	O			F	A	H	R	E	R
	H				H				
B	L	U	M	E	N	K	O	H	L
	E		O			A			O
			H			H			H
B	Ü	H	N	E		N			N

59

ohne Kennzeichnung	mit Dehnungs-h	mit silbentrennendem h
Hose	Stuhl	Höhe
Faden	Kehle	drehen
Gabel	Höhle	stehen
Ufer	ahnen	ziehen
treten	gefährlich	Brühe
legen	Bohne	Krähe

60 a Das Wort „**leihen**“ passt nicht, weil es ein silbentrennendes h hat, die anderen Wörter nicht.

b Das Wort „**Nahrung**“ passt nicht, weil es ein Dehnungs-h enthält, die anderen Wörter weisen jeweils ein silbentrennendes h auf.

c Das Wort „**sprühen**“ passt nicht, weil es ein silbentrennendes h hat, die anderen Wörter aber ein Dehnungs-h enthalten.

61

a	der Schuh	→ die Schuhe	→ die Schu – **h**e
b	das Reh	→ die Rehe	→ die Re – **h**e
c	der Zeh	→ die Zehen	→ die Ze – **h**en
d	der Floh	→ die Flöhe	→ die Flö – **h**e
e	die Kuh	→ die Kühe	→ die Kü – **h**e

62 a Kai hat eine **frohe** Nachricht erhalten. Darüber ist er sehr **froh**.

b Die Abschlussprüfung rückt immer **näher**. Der Termin ist schon ganz **nah**.

c **Rohes** Gemüse kann sehr gesund sein. Fleisch isst man dagegen nicht **roh**.

d Der Postbote klingelt **früher** als sonst. Er ist heute **früh** dran.

63 a Katja **zieht** gern bunte Kleider **an**. Sie **näht** sich ihre Kleider meistens selbst.

b Der Steuersünder **flieht** ins Ausland. In Deutschland **droht** ihm eine lange Haftstrafe.

64

a	Wei?nachten	→ weihen	→ Wei**h**nachten
b	Fernse?serie	→ sehen	→ Fernse**h**serie
c	Filmverlei?	→ leihen	→ Filmverlei**h**
d	Bo?tschaft	→ Bote	→ Botschaft
e	Sprü?dose	→ sprühen	→ Sprü**h**dose
f	Fra?gwürdigkeit	→ fragen	→ Fragwürdigkeit
g	Zie?harmonika	→ ziehen	→ Zie**h**harmonika
h	Ro?kost	→ roher	→ Ro**h**kost

65 a Für den Hausbau na**h**men (**D**) sie ein Darle**h**en (**S**) auf.

b Der Unfall gescha**h** (**S**) in der Nä**h**e (**S**) meiner Wo**h**nung (**D**).

- **c** Der Bauer mä**h**te (S) seine Wiese, e**h**e (S) es zu regnen anfing.
- **d** Er erzielte im letzten Ja**h**r (D) einen ungea**h**nt (D) ho**h**en (S) Gewinn.
- **e** Der berü**h**mte (D) Schauspieler le**h**nte (D) es ab, den Film zu dre**h**en (S).
- **f** Der Bürgermeister verlie**h** (S) i**h**m (D) für seine e**h**renamtlichen (D) Dienste einen Orden.

66
- **a** Brief
- **b** sieben
- **c** Spiegel
- **d** Friedenstaube

67
- **a** fl**ie**gen
- **b** Pap**ie**r
- **c** W**i**nter
- **d** B**i**lderbuch
- **e** N**ie**derlage
- **f** P**i**nsel
- **g** b**i**tter
- **h** spaz**ie**ren
- **i** Klav**ie**r
- **j** B**i**rne
- **k** n**ie**mals
- **l** L**ie**bl**i**ng

68

S	T	I	E	F	E	L	O	W	R	F	B	D	M	I	T	R	E	U	T	R	S	M
G	E	B	W	L	N	H	M	K	T	R	I	C	Z	W	I	E	B	E	L	B	P	E
H	R	N	S	I	J	V	P	G	S	T	E	D	X	I	V	N	B	L	I	C	I	T
I	F	M	R	E	K	R	I	E	M	E	N	V	D	E	L	S	M	I	E	T	E	J
K	X	P	A	G	O	C	Z	B	L	U	E	N	E	G	A	F	S	H	G	H	L	K
R	A	D	I	E	S	C	H	E	N	Z	T	N	T	E	W	G	M	N	E	W	R	F

- der Stiefel
- die Biene
- die Zwiebel
- die Liege
- die Miete
- die Fliege
- das Spiel
- die Wiege
- der Riemen
- das Radieschen

69
- **a** <u>Diese</u> Aufgaben in <u>Geometrie</u> sind <u>ziemlich</u> <u>schwierig</u>.
- **b** Ein <u>Dieb</u> <u>stiehlt</u> <u>ihm</u> seine <u>Brieftasche</u> und <u>flieht</u> über alle Berge.
- **c** <u>Skifahren</u> macht <u>mir</u> im Winter immer <u>riesigen</u> Spaß.
- **d** <u>Sophie</u> <u>verliert</u> gegen <u>Sabine</u> im Tennis, obwohl <u>sie</u> <u>viel</u> <u>trainiert</u> hat.
- **e** <u>Die</u> <u>Nilpferde</u> im <u>Tierpark</u> <u>liegen</u> <u>friedlich</u> in der Sonne.
- **f** <u>Diese</u> <u>Krise</u> <u>zieht</u> <u>ihn</u> in ein <u>tiefes</u> Loch. Er <u>sieht</u> richtig verzweifelt aus.

→ **Wörter mit ie** (18): diese, Geometrie, ziemlich, schwierig, Dieb, Brieftasche, riesigen, Sophie, verliert, sie, viel, trainiert, die, Tierpark, liegen, friedlich, diese, tiefes

→ **Wörter mit i** (5): Skifahren, mir, Sabine, Nilpferde, Krise

→ **Wörter mit ih** (2): ihm, ihn

→ **Wörter mit ieh** (4): stiehlt, flieht, zieht, sieht

70
- **a** Unser Nachbar steht **i**m Verdacht, ein schl**i**mmer D**ie**b zu sein.
- **b** B**i**tte drücke m**i**r am M**i**ttwoch beim Fußballsp**ie**l d**ie** Daumen.
- **c** **I**m Großen und Ganzen s**i**nd w**i**r m**i**t deiner Arbeit zufr**ie**den.
- **d** Verg**i**ss n**i**cht, Tante Elfr**ie**de heute zum Geburtstag zu gratul**ie**ren.

71
- ⊙ Hallo, Herr Bühr! Wie geht es **Ihnen**?
- ○ Schön dich zu sehen, Erol! Danke, **mir** geht es soweit ganz gut. Und wie läuft es bei **dir** an der neuen Schule?
- ⊙ **Mir** gefällt es dort richtig gut. **Wir** haben eine gute Klassengemeinschaft, aber ich vermisse auch meine alten Klassenkameraden. Können **Sie ihnen** von **mir** bitte ganz liebe Grüße bestellen?
- ○ Klar, das werde ich machen. Darüber freuen **sie** sich bestimmt.
- ⊙ Danke, das ist sehr nett von **Ihnen**. Einen schönen Tag noch!

72

Mutter: Wo ist Sergej? Hast du **ihn** schon gesehen? Liegt er etwa noch **im** Bett?

Anna: Wahrscheinlich ist er wieder seit Stunden **im** Badezimmer.

Mutter: Kannst du **ihn** bitte suchen und **ihm** sagen, dass er sich beeilen soll? Sein Bus kommt **in** fünf Minuten. Sonst fährt er **ihm** wieder davon.

Anna: Du glaubst doch nicht **im** Ernst, dass es etwas hilft, wenn ich **ihn** antreibe! Den Bus verpasst er **in** jedem Fall wieder. Oder war er etwa schon einmal pünktlich **in** der Schule?

73
- **a** Mandarine
- **b** Benzin
- **c** Nische
- **d** Maschine
- **e** Tiger
- **f** Brise
- **g** Archiv
- **h** Biathlon
- **i** Margarine
- **j** Igel

k Ruine
l Biber
m Profil
n Gardine
o Nikotin
p Fibel
q Lawine

Wenn du das Rätsel richtig gelöst hast, bist du ein: **Rechtschreibprofi**

74
a Vor dem Einschlafen höre ich immer einige **Lieder**. Davon werde ich so müde, dass mir meine **Lider** zufallen.
b Der Goldgräber machte eine glückliche **Miene**, als er die Gold**mine** betrat.
c Die Malerin hat ihren eigenen **Stil**, wie sie mit Farbe und Pinsel**stiel** umgeht.

75

wider-…	wieder-…
widerhallen	Wiederaufbau
Widerling	wiederbeleben
Widerrede	Wiedergeburt
widersprechen	wiederholen
Widerstand	wiedersehen

76
a Vor der Klassenarbeit **wie**derholt der Lehrer den Stoff der letzten Stunden.
b Samuel hat das Gedicht fehlerfrei **wie**dergegeben.
c Die Schokolade ist so lecker, ich kann der Versuchung nicht **wi**derstehen.
d Das Schilf spiegelt sich auf der Wasseroberfläche des Sees **wi**der.
e Ich fordere eine **Wie**dergutmachung für den Schaden!
f Zu einer richtigen Diskussion gehört, dass man einander **wi**derspricht.
g Kurz nach dem **Wie**deranpfiff zur zweiten Halbzeit fiel das erste Tor.
h Bei der Verabschiedung fragt er: „Wann werde ich dich **wie**dersehen?“
i Die neue Straße stößt bei den Anwohnern auf erbitterten **Wi**derstand.
j Marek **wi**dersetzt sich der Anweisung seines Vaters.

77 a

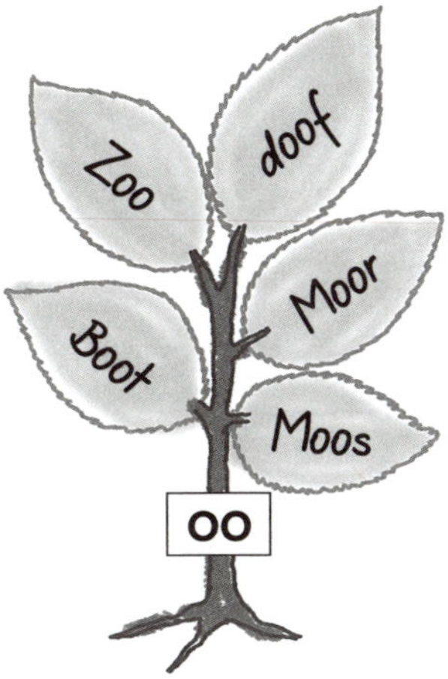

b

c

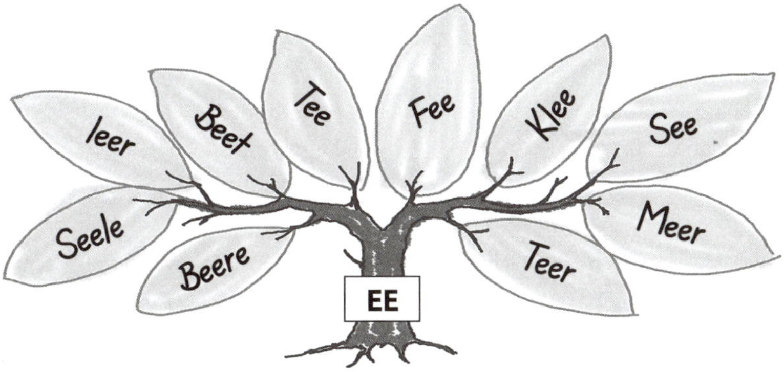

78

a Das Brautp**aa**r ist auf Hochzeitsreise.

b Das Segelb**oo**t ist im Mittelm**ee**r in S**ee**not geraten.

c Bald kann man in unserem B**ee**t frische Erdb**ee**ren pflücken.

d Zum Frühstück trinke ich gerne T**ee** oder Kaff**ee**.

e Der St**aa**tsanwalt erhebt Anklage.

f Er hat blonde H**aa**re und blaue Augen.

g Der Kinos**aa**l ist noch ganz l**ee**r.

h Auf dem Fischmarkt wird geräucherter **Aa**l verkauft.

i Ein vierblättriges Kl**ee**blatt bringt Glück.

j Diesen Winter ist noch kein Schn**ee** gefallen.

k Deine Id**ee**, in den Z**oo** zu gehen, finde ich gut.

l Meine Mutter hat das Sternzeichen „W**aa**ge“.

79
- **a** Die Nuss ist innen h**oh**l.
- **b** Der alte Baumstamm ist von M**oo**s bedeckt.
- **c** Der L**eh**rer schreibt die Lösung an die Tafel.
- **d** Der Präsident fliegt zu einem St**aa**tsbesuch.
- **e** Er ist amtierender Weltmeister im Sp**ee**rwerfen.
- **f** Herr Schmid hat einen S**oh**n und zwei Töchter.
- **g** Die Straße ist neu get**ee**rt worden.
- **h** Frau Helmer ist die gute S**ee**le des Vereins.
- **i** Leon fängt nach der Schule eine L**eh**re an.
- **j** Die Mülltonnen werden einmal pro Woche gel**ee**rt.
- **k** In den Ferien f**ah**ren wir nach Holland ans M**ee**r.
- **l** Der Träger des Kleides hält nicht m**eh**r, weil die N**ah**t aufgegangen ist.

80
- Eisenbahn
- Spielzeug
- Schmusebär
- Kaufladen
- Fahrrad
- Segelboot
- Legosteine
- Schaukeltier

81

	weich	scharf
Käse	X	
Wasser		X
fleißig		X
reisen	X	
Kosten		X
essen		X
Nase	X	
Grüße		X
Fass		X

	weich	scharf
Sieger	X	
Knospe		X
Fest		X
Klasse		X
Haus		X
beißen		X
Nässe		X
singen	X	
Los		X

82 Im **S**ommer liegt **S**andra gern am **S**trand im warmen **S**and und **s**onnt **s**ich. Vor den gefährlichen UV-**S**trahlen **s**chützt **s**ie **s**ich mit einer **S**onnencreme mit hohem **S**chutzfaktor. Und wenn die **S**onne mittags im **S**üden **s**teht, **s**pannt **s**ie **s**ogar ihren **S**chirm auf und legt **s**ich in den **S**chatten.

83 **a** **Sch**erz, **S**paß, **S**pur, **Sch**necke, **S**tadt, **S**tern, **Sch**lange, **S**tunde, **Sch**ere, **Sch**rank

b **s**till, **sch**mutzig, **sch**nell, **sch**lank, **s**tur, **sch**lau, **sch**warz, **s**teil, **s**portlich, **s**pannend

c **s**paren, **sch**enken, **sch**lucken, **s**prechen, **s**tehen, **sch**ließen, **s**penden, **sch**lafen, **s**pielen, **sch**neiden

84 **a** Wenn dein Vater das erfährt, wird er dich in Stücke rei**ß**en.

b Ich möchte im Sommer nach England rei**s**en.

c Johanna wünscht sich zu Weihnachten ein wei**ß**es iPhone.

d Lukas hat immer einen wei**s**en Spruch auf Lager.

e In diesem Jahr bekommen wir bestimmt einen hei**ß**en Sommer.

f Vom vielen Reden ist unser Lehrer schon ganz hei**s**er.

85 **a** Der Täter war dunkel gekleidet und hatte eine ma**ss**ige Gestalt.

b Jonathan kocht regelmä**ß**ig für seine Freundin.

c Sie hei**ß**en ihn nach seiner Rückkehr herzlich willkommen.

d Ihm zu Ehren hi**ss**en sie die Fahne.

e Für den Anzug nimmt die Schneiderin seine Ma**ß**e.

f Der Teig wird zu einer cremigen Ma**ss**e gerührt.

86

	Vokal		s-Laut		s/ss/ß	gesuchtes Wort
	lang	kurz	weich	scharf		
a	☐	☒	☐	☒	ss	Messer
b	☒	☐	☒	☐	s	Esel
c	☒	☐	☐	☒	ß	fleißig
d	☐	☒	☐	☒	ss	müssen
e	☒	☐	☒	☐	s	Vase
f	☐	☒	☐	☒	ss	flüssig
g	☒	☐	☐	☒	ß	außen
h	☒	☐	☒	☐	s	Käse

i	☒	☐	☐	☒	ß	beißen
j	☐	☒	☐	☒	ss	hassen
k	☒	☐	☐	☒	ß	Straße

87

a der Fuß → die Füße
b das Glas → die Gläser
c der Fels → die Felsen
d der Spaß → die Späße
e das Schloss → die Schlösser
f das Gleis → die Gleise
g der Stoß → die Stöße
h die Nuss → die Nüsse
i der Strauß → die Sträuße
j das Fass → die Fässer
k der Gruß → die Grüße
l das Floß → die Flöße
m das Gras → die Gräser
n der Fluss → die Flüsse

88

a heiß → Ich nehme ein **heißes** Bad.
b blass → Sie wird immer **blasser** im Gesicht.
c süß → Mit Zucker wird der Kaffee **süßer**.
d hilflos → Er ist in einer **hilflosen** Lage.
e nass → Trockne deine **nassen** Haare.
f seriös → Das ist eine **seriöse** Firma.

89

a Der Gewinner wird ausgelost. → auslosen
b Der Stürmer schießt aufs Tor. → schießen
c Hoffentlich stößt ihm nichts zu. → stoßen
d Die Nachbarskatze wird vermisst. → vermissen
e Die Erde kreist um die Sonne. → kreisen
f Janik genießt seinen freien Tag. → genießen
g Das passt mir heute gar nicht. → passen
h Der Wind bläst ziemlich stark. → blasen
i Der Neckar fließt durch Stuttgart. → fließen
j Das Schild weist ihm den Weg. → weisen
k Lass mich doch einfach in Ruhe! → lassen
l Der Maibaum misst fast 20 Meter. → messen
m Ich habe das Rätsel gelöst. → lösen
n Unser Hase frisst gern Löwenzahn. → fressen

90

a Hindernisse
b Kürbisse
c Zeugnisse
d Krokusse
e Ergebnisse
f Wagnisse
g Bedürfnisse
h Ereignisse
i Geheimnisse
j Busse

91

Infinitiv (Grundform)	Präsens (Gegenwart)	Präteritum (Vergangenheit)
vergessen	er vergisst	er vergaß
reißen	sie reißt	sie riss
wissen	ich weiß	ich wusste
essen	er isst	er aß
gießen	sie gießt	sie goss
lassen	ich lasse	ich ließ

92

a
Beißkorb
anbeißen
Beißzange
zubeißen

bissig
Leckerbissen
verbissen
Gebiss

b
Fließband
fließend
Fließtext
zerfließen

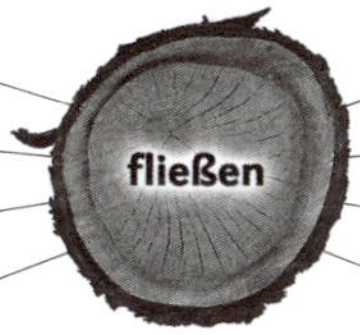

Fluss
flüssig
Zufluss
verflossen

c
Schließfach
beschließen
Schließung
schließlich

Schloss
Entschluss
geschlossen
Schlussfolgerung

93 a Er go**ss** einen Liter Wa**ss**er in da**s** Gefä**ß** au**s** Gla**s**.

b Sie fa**ss**te schlie**ß**lich einen au**ß**ergewöhnlichen Entschlu**ss**.

c Da**s** Schlo**ss** lä**ss**t sich mit die**s**em Schlü**ss**el aufschlie**ß**en.

d Ohne Flei**ß** kein Prei**s**! Da**s** hei**ß**t: Du mu**ss**t dich an**s**trengen.

e Er schenkte seiner Lieb**s**ten einen gro**ß**en Strau**ß** roter Ro**s**en.

f Nach dem E**ss**en gibt e**s** noch ein Ei**s** mit einer sü**ß**en So**ß**e au**s** hei**ß**en Himbeeren.

94 a **Dieses** ist ein schönes Kleid, **welches** du heute trägst. **Jenes** Blau steht dir sehr gut.

b **Dieses** Ziel, **welches** ich mir gesetzt habe, werde ich bestimmt erreichen. **Jenes** nehme ich mir fest vor.

95 a Ich freue mich, dass wir uns so gut verstehen.

b Wir hoffen, dass Sie sich bei uns wohlfühlen.

c Es ist bekannt, dass sie montags immer zu spät kommt.

d Ich weiß, dass du dir Mühe gegeben hast.

e Es ist schön, dass ihr an meinen Geburtstag gedacht habt.

f Ich habe gehört, dass er ein Jahr ins Ausland geht.

96 a Die Mutter holt ihr Kind ab, *das* – ~~*dass*~~ an der Bushaltestelle auf sie wartet.

b Er hat mir ein Angebot gemacht, *das* – ~~*dass*~~ ich nicht ablehnen kann.

c Marc entschuldigte sich bei Janne dafür, ~~*das*~~ – *dass* er sie beleidigt hatte.

d Der Kellner hat mein Essen, *das* – ~~*dass*~~ ich bestellt hatte, einfach vergessen.

e Stella hofft, ~~*das*~~ – *dass* sie doch noch zu Miriams Party eingeladen wird.

f Nachdem die Tür ins Schloss fiel, merkte er, ~~*das*~~ – *dass* er seinen Schlüssel vergessen hatte.

97

dass oder das?	Verwendung
Die Lehrerin glaubt nicht, **dass** Michelle krank ist.	Konjunktion
Das Glück ist heute ganz auf meiner Seite.	Artikel
Entschuldige bitte, **das** war eindeutig mein Fehler.	Demonstrativpronomen
Sie kauft sich von dem Geld, **das** übrig bleibt, ein Eis.	Relativpronomen
Nach dem Unfall hat **das** Auto einen Totalschaden.	Artikel
Man merkt, **dass** ihm die Arbeit großen Spaß macht.	Konjunktion
Das kannst du mir doch nicht antun!	Demonstrativpronomen
Ich freue mich auf ein heißes Bad, **das** mich wärmt.	Relativpronomen

98

a **Das** ist mit Abstand **das** spannendste Buch, **das** ich je gelesen habe. **Das** musst du unbedingt lesen. Ich kann mir gut vorstellen, **dass** es dir auch gefällt.

b Sascha hat in Deutsch schon wieder eine Zwei geschrieben? **Das** ist ja unglaublich! Ich hätte nie gedacht, **dass** er sich so steigert. Mit ein bisschen Glück wird **das** Zeugnis **das** beste, **das** er je hatte.

c Mit meinem Opa habe ich gewettet, **dass** Bayern München wieder Deutscher Meister wird. Bei dem Vorsprung ist **das** so sicher wie **das** Amen in der Kirche. Aber mein Opa glaubt fest daran, **dass** noch ein Wunder geschieht, **das** Dortmund zum Titel verhilft.

d Der Ausflug in **das** Spaßbad war cool. **Dass** unser Lehrer jeden Spaß mitmacht, hätten wir nicht gedacht. **Das** war richtig witzig mit ihm! Jetzt hoffen wir alle, **dass** wir **das** bald wiederholen.

99 **a**

b oder p?	verlängertes Wort
Urlau**b**	Urlaube
er hu**p**t	hupen
Kor**b**	Körbe
gro**b**	gröber

b oder p?	verlängertes Wort
sie star**b**	sterben
Mikrosko**p**	Mirkroskope
plum**p**	plumper
er glau**b**t	glauben

b

d oder t?	verlängertes Wort
gesun**d**	gesundes (Obst)
Bro**t**	Brote
Bil**d**	Bilder
tausen**d**	Tausende

d oder t?	verlängertes Wort
Hu**t**	Hüte
lau**t**	lauter
bun**t**	bunter
Klei**d**	Kleider

c

g oder k?	verlängertes Wort
Ber**g**	Berge
star**k**	stärker
schrä**g**	schräger
er tran**k**	trinken

g oder k?	verlängertes Wort
klu**g**	kluges (Kind)
Fabri**k**	Fabriken
sie flo**g**	fliegen
Schran**k**	Schränke

100 **a**
- Der Vogel sitzt im Käfig auf seinem Sta**b** und pie**p**t.
- Das Wasser, das aus dem Becken gepum**p**t wird, ist trü**b**.
- Für die Eins in Mathe ga**b** es heute ein dickes Lo**b** von der Mutter.
- Der Die**b** hat sich nach dem Rau**b**überfall aus dem Stau**b** gemacht.

b
- Italien ist für mich das schönste Lan**d** auf der Wel**t**.
- Unser Schäferhun**d** ist schon al**t** und blin**d**.
- Am Aben**d** und in der Nach**t** wird es im Zel**t** sehr kal**t**.
- Der Jäger fan**d** das Wil**d** im Mon**d**schein auf dem Fel**d** am Wal**d**ran**d**.

c
- Er den**k**t, der schwarze Anzu**g** mache ihn schlan**k**.
- Mit ihrem verletzten Fußgelen**k** hin**k**t sie den We**g** entlang.
- Gestern la**g** er noch kran**k** im Bett, heute sprin**g**t er wieder durch die Gegend.
- Die Ohrringe, die Elisa trä**g**t, hat Dominik ihr zum Geburtsta**g** geschen**k**t.

101

	richtig	falsch	verwandtes Wort
Freun**d**schaft	X		Freun-de
Kle**p**stoff		X	kle-ben
Wu**t**anfall	X		wü-tend
sie**b**zehn	X		sie-ben

Gedul**t**sfaden	☐	☒	*gedul-dig*
unglau**b**lich	☒	☐	*glau-ben*
Gesun**d**heit	☒	☐	*gesün-der*
Stau**b**sauger	☒	☐	*stau-big*
Schan**k**anlage	☒	☐	*ausschen-ken*
Gol**t**münze	☐	☒	*vergol-det*
Schrei**b**tisch	☒	☐	*schrei-ben*
erfol**k**reich	☐	☒	*Erfol-ge*
Stin**g**tier	☐	☒	*stin-ken*
San**d**haufen	☒	☐	*san-dig*
Par**g**platz	☐	☒	*par-ken*

102 a Ich warte schon *seid – seit* einer Stunde auf euch.

b Wo *seid – seit* ihr bloß gewesen?

c *Seid – Seit* ich dich kenne, geht es mir gut.

d Wir haben uns *seid – seit* Tagen nicht gesehen.

e *Seid – Seit* doch mal still!

f *Seid – Seit* wann *seid – seit* ihr ein Paar?

103 a Guter **Rat** ist teuer.

b Ich fahre mit dem **Rad** zur Schule.

c Das Reserve**rad** ist im Kofferraum.

d Darüber stimmt der Elternbei**rat** ab.

e Auf die Zugspitze fährt eine Zahn**rad**bahn.

f Die Politiker stehen **rat**los vor dem Problem.

104

Endspurt
Endgültigkeit
Endstation
Endspiel
Endergebnis

Entlassung
Entzündung
Entscheidung
Enthüllung
Entschuldigung

105 a Ich hoffe, sein **Ent**schluss ist nun **end**gültig.
b Bei der Klassensprecherwahl hat Leni sich der Stimme **ent**halten.
c Die **End**lagerung des radioaktiven Abfalls ist problematisch.
d Über den **End**stand von 0 : 3 waren wir sehr **ent**täuscht.
e Er **ent**schuldigte sich, dass er das Geld **ent**wendet hatte.
f Wie kann ich dich **ent**lasten, damit du dich **ent**spannen kannst?

106 a Aus der **F**erne hört man das Zwitschern der **V**ögel.
b Der **F**ahrer bremste **v**or der Kur**v**e schar**f** ab.
c Pepe wäre in der Prü**f**ung **f**ast **v**erzwei**f**elt.
d Mein **V**ater hat den **V**orderreifen meines **F**ahrrads repariert.
e Nils hat seinen **V**etter das letzte Mal **v**or **v**ier Jahren gesehen.
f Lotte holt sich aus dem Keller eine **v**olle **F**lasche **F**ruchtsaft.
g Am **F**reitag machen **v**iele **F**irmen schon **f**rüher **F**eierabend.
h Die **V**erkäuferinnen in unserem Metzgerei**f**achgeschäft sind alle sehr **f**reundlich.

107 a André ist bis über beide Ohren in Nina **ver**liebt.
b Die **Fer**ien sind immer viel zu schnell **vor**über.
c Seit seiner **Ver**letzung ist der Stürmer nicht mehr in **For**m.
d Rike hat **ver**gessen, den **Fer**nseher auszuschalten.
e Die Mitarbeiter **for**dern **ver**geblich mehr Lohn.
f Wenn die **Vor**fahrt nicht durch **Ver**kehrszeichen geregelt ist, gilt die Regel „rechts vor links“.

108 a Jamilo hat wieder nicht *~~fiel~~ – viel* für die Mathearbeit geübt.
b Mein Opa *fiel – ~~viel~~* gestern von der Leiter.
c Ich möchte einmal *~~fiel~~ – viel* Geld verdienen.
d Die Entscheidung *fiel – ~~viel~~* mir nicht leicht.

109 a In dieser **V**illa **w**ohnt ein **W**eltstar.
b Aus dem **V**ulkan fließt heiße La**v**a.
c Bei der **W**ahl legte er sein **V**eto ein.
d Michael schreibt die neuen **W**örter in sein **V**okabelheft.

e Als Nachtisch gibt es **V**anilleeis in der **W**affel.

f In unserem **W**ohnzimmer steht seit No**v**ember ein Kla**v**ier.

g Er hat vor lauter **W**ut die **w**ertvolle **V**ase auf den Boden ge**w**orfen.

h Letzte **W**oche hat mich eine schlimme **V**irusgrippe er**w**ischt.

110 **a** Lennart geht in die sechste Klasse.

b Lilli ist mit dem Fahrrad unterwegs.

c Faris geht auch nachmittags zur Schule.

d Nora malt eindrucksvolle Bilder.

e Bei der Explosion des Öltanks gab es einen lauten Knall.

f An der nächsten Ecke musst du links abbiegen.

g Fremdwörter im Text schlägst du im Lexikon nach.

h Bei dem Volkswagen ist die Vorderachse gebrochen.

i Der Glückspilz ist vom Schicksal begünstigt.

x-Laut	gesuchte Wörter		
x	Explosion	Text	Lexikon
chs	sechste	nächsten	Vorderachse
cks	eindrucksvolle	Glückspilz	Schicksal
ks	Öltanks	links	Volkswagen
gs	unterwegs	nachmittags	schlägst

111 **a** Es ist so schön *friedlich* / ~~*friedlig*~~ im Winter.

▶ Verlängerung: der friedliche Winter ▶ Stamm: Friede

b Du gehst ja *stündlich* / ~~*stündlig*~~ auf die Toilette, Hansi!

▶ Verlängerung: das stündliche Ritual ▶ Stamm: Stunde

c Die Alte aus dem Vorderhaus geht ganz ~~*bucklich*~~ / *bucklig*.

▶ Verlängerung: der bucklige Gang ▶ Stamm: Buckel

d Samiras Legoturm steht aber recht ~~*wacklich*~~ / *wacklig*.

▶ Verlängerung: der wacklige Legoturm ▶ Stamm: wackeln

e Im *Wesentlichen* / ~~*Wesentligen*~~ bestehen Spätzle aus Eiern und Mehl.

▶ Verlängerung: die wesentlichen Bestandteile ▶ Stamm: Wesen

f Man kann dich auf dem Bild gar nicht richtig erkennen – so ~~*pixelich*~~ / *pixelig* ist es.

▶ Verlängerung: das pixelige Bild ▶ Stamm: Pixel

g Dass man nach so einem Foul vom Platz fliegt, ist ja wohl mehr als *verständlich* / ~~*verständlig*~~ !

▶ Verlängerung: die verständliche Entscheidung ▶ Stamm: Verstand

h Tante Therese, ist dir etwa ~~*schwindlich*~~ / *schwindlig* ?

▶ Verlängerung: das schwindlige Gefühl ▶ Stamm: Schwindel

i Wir sollten noch einmal ganz *gründlich* / ~~*gründlig*~~ suchen.

▶ Verlängerung: die gründliche Suche ▶ Stamm: Grund

j Spinnen sind ~~*eklich*~~ / *eklig* !

▶ Verlängerung: die ekligen Spinnen ▶ Stamm: Ekel

112

a Ist dieses Mädchen etwa mit dir **verwandt**?

b Passau nennt man auch „die Dreiflüsse**stadt**".

c Der König schickte einen **Gesandten** zu seinem Fürsten.

d Das Schreiben der Staatsanwältin wurde bereits **versandt**.

e Meine **Verwandt**schaft geht mir gehörig auf die Nerven!

f Justin ist ganz schön rede**gewandt** für sein Alter.

g Als die Pest ausbrach, wurden alle **Stadt**tore geschlossen.

h Loredanas **Gewandt**heit am Stufenbarren verblüfft alle.

i Die Bundesregierung **versandte** an alle Haushalte die Wahlzettel.

113

a Apotheke

b Bibliothek

c Alphabet

d Mathematik

e Marathon

f Physik

114

A	F	T	J	B	N	P	H	O	T	O	G	R	A	P	H	I	E	X	V	Q	M	R
V	G	E	O	G	R	A	P	H	I	E	M	S	P	A	G	H	E	T	T	I	U	F
R	C	B	G	R	S	R	B	A	Q	W	L	K	J	N	C	X	B	D	S	A	R	G
I	R	G	H	E	T	T	O	E	E	P	H	A	N	T	A	S	I	E	F	G	H	T
V	C	F	U	T	Z	Z	U	F	G	H	K	L	T	H	U	N	F	I	S	C	H	U
M	Y	R	R	H	E	A	W	I	K	Z	T	Z	V	E	Y	N	M	K	T	Z	U	R
U	I	H	T	N	D	F	R	W	K	A	T	A	R	R	H	U	Z	E	S	B	F	E

Fremdwort (mit gh, ph, rh, th)	deutsche Schreibweise
Joghurt	Jogurt
Photographie	Fotografie
Panther	Panter
Geographie	Geografie
Spaghetti	Spagetti
Ghetto	Getto
Phantasie	Fantasie
Thunfisch	Tunfisch
Myrrhe	Myrre
Katarrh	Katarr

115

Plural	Singular
die Fälle	der Fall
die Länder	das Land
die Nächte	die Nacht
die Dächer	das Dach
die Nägel	der Nagel
die Kräfte	die Kraft
die Wälder	der Wald
die Fässer	das Fass
die Kästen	der Kasten

Plural	Singular
die Felle	das Fell
die Sender	der Sender
die Spechte	der Specht
die Becher	der Becher
die Segel	das Segel
die Hefte	das Heft
die Felder	das Feld
die Messer	das Messer
die Westen	die Weste

116
- **a** lang → länger → am längsten
- **b** kalt → kälter → am kältesten
- **c** warm → wärmer → am wärmsten
- **d** schlecht → schlechter → am schlechtesten
- **e** eng → enger → am engsten
- **f** hart → härter → am härtesten
- **g** fett → fetter → am fettesten
- **h** alt → älter → am ältesten
- **i** schwach → schwächer → am schwächsten

117

Nomen	Verben	Adjektive
der Verdacht	verdächtigen	verdächtig
das Gelächter	lachen	lächerlich
die Helligkeit	erhellen	hell
das Versteck	verstecken	versteckt
die Sperre	sperren	gesperrt
die Quälerei	quälen	qualvoll

118
- **a** Was hältst du von dem Vorschlag? → halten
- **b** Leo schläft am Wochenende sehr lang. → schlafen
- **c** Der Hund bellt die Katze an. → bellen
- **d** Der Apfel fällt nicht weit vom Stamm. → fallen
- **e** Ich wette, du kommst wieder zu spät. → wetten
- **f** Ilka fährt in den Ferien zu ihrer Oma. → fahren
- **g** Hast du dir seine Nummer gemerkt? → merken
- **h** Carlos lässt mich immer abschreiben. → lassen
- **i** Vater meckert ständig an mir rum. → meckern
- **j** Diana fängt morgen ihr Praktikum an. → anfangen

119 **a**

b

120

	richtig	falsch	Beweiswort
Ernährung	☒	☐	Nahrung
Beschrenkung	☐	☒	Schranke
Schmutzwäsche	☒	☐	waschen
Färtigstellung	☐	☒	fertig
Weckruf	☒	☐	wecken
Verlängerung	☒	☐	lang
Stechmücke	☒	☐	stechen

121

a der Rauch

b das Feuer

c der Freund

d der Raum

e der Zaun

f der Laut

g die Reue

h der Tausch

122
- a bauen
- b kalt
- c die Last
- d (ver-)kaufen
- e das Haus
- f nass
- g die Farbe
- h fangen
- i schwarz

123
- a Der Br**äu**tigam versprach seiner Liebsten ewige Tr**eu**e.
- b An den W**ä**nden h**ä**ngen t**eu**re Bilder.
- c Die B**ä**ckereiverk**äu**ferin l**ä**chelt fr**eu**ndlich.
- d Die R**äu**me in dem alten Gem**äu**er sind bauf**ä**llig.
- e In W**ä**ldern ist es grunds**ä**tzlich verboten, F**eu**er zu machen.
- f Ich d**e**nke, dass ich deine St**ä**rken und Schw**ä**chen k**e**nne.
- g H**eu**te feiern wir mit all unseren Fr**eu**nden ein F**e**st.
- h Der Verein fr**eu**te sich über die großzügigen Sp**e**nden der L**eu**te.

124
- a
  - ▶ Er hat einen großen L**ai**b Käse gekauft.
  - ▶ Für unser l**ei**bliches Wohl ist gesorgt.
  - ▶ Sie ist mit L**ei**b und Seele bei der Arbeit.
  - ▶ Kannst du bitte den Brotl**ai**b anschneiden?
- b
  - ▶ Die S**ai**ten der Harfe werden gezupft.
  - ▶ Er schreibt ihr s**ei**tenlange Liebesbriefe.
  - ▶ Der Preis steht auf der Rücks**ei**te der Verpackung.
  - ▶ Bei meinem Tennisschläger sind die S**ai**ten gerissen.
- c
  - ▶ Auf diese W**ei**se kommst du sicher nicht ans Ziel.
  - ▶ Der Pfarrer nahm sich der Witwen und W**ai**sen an.
  - ▶ Glücklicherw**ei**se gab es keine Verletzten.
  - ▶ Das Hilfsprojekt unterstützt ein W**ai**senhaus.

125
- a Waise
- b Laie
- c Laich
- d Detail
- e Mai
- f Haie
- g Kai
- h Mais
- i Taille
- j Saite
- k Kaiser

Lösungswort: **Weltmeister**

126

a S**ei**n Hund w**ei**cht ihm nicht von der S**ei**te.

b Die G**ei**ge gehört zu den S**ai**teninstrumenten.

c Der M**ai**s wird an Schw**ei**ne verfüttert.

d Die Pr**ei**se für Getr**ei**de st**ei**gen.

e H**ei**ko f**ei**ert im M**ai** Geburtstag.

f Mar**ei**ke trägt ein Kl**ei**d aus r**ei**ner S**ei**de.

g Die R**ei**se ist bis ins kl**ei**nste Det**ai**l geplant.

h Vor der Küste tr**ei**ben sich gefährliche H**ai**fische herum.

i Um eine schlanke T**ai**lle zu bekommen, ändert sie den Sp**ei**seplan.

j Der Rh**ei**n hat sechs Anr**ai**nerstaaten. W**ei**ßt du, welche?
(Deutschland, Frankreich, Liechtenstein, Niederlande, Österreich, Schweiz)

127 **Klassenfahrt**

Unsere Klassenfahrt war ein wahrlich tolles Erlebnis, auf das ich mich schon seit Beginn des Schuljahres gefreut hatte. Endlich war es dann so weit! Die Entscheidung fiel ohne Widerspruch auf ein Gästehaus in der Eifel. Unser Lehrer hatte sich große Mühe gegeben und für die vier Tage ein außergewöhnliches Programm vorbereitet. Wir unternahmen einen Ausflug zum Reiterhof. Dort haben wir die Pferde geputzt und gesattelt und anschließend einen Ausritt aufs Feld gemacht. Im Waldpark durften wir klettern und mit Pfeil und Bogen schießen. Für riesigen Spaß sorgte auch eine geheimnisvolle Wanderung bei Nacht. Am besten gefiel mir, dass wir abends zusammen am Lagerfeuer saßen. Ich fand die Reise spitzenmäßig! Jetzt träume ich davon, dass wir das bald wiederholen. (118 Wörter)

128

das Lie**d**	Ich achte auf die Länge des Vokals.	G
	Ich verlängere das Wort.	T
	Ich bilde die Grundform und trenne nach Silben.	U
äußerlich	Ich suche ein verwandtes Wort.	A
	Ich trenne das Wort nach Silben.	N
	Ich achte auf die Länge des Vokals.	O
dru**ck**en	Ich trenne das Wort nach Silben.	T
	Ich achte auf die Länge des Vokals.	K
	Ich suche ein verwandtes Wort.	V

die Gärten	Ich trenne das Wort nach Silben.	M
	Ich achte auf die Länge des Vokals.	E
	Ich bilde die Grundform.	T
das Reh	Ich verlängere das Wort und trenne nach Silben.	I
	Ich achte auf die Länge des Vokals.	P
	Ich suche ein verwandtes Wort.	U
sie hofft	Ich achte auf die Länge des Vokals.	R
	Ich bilde die Grundform und trenne nach Silben.	K
	Ich suche ein verwandtes Wort.	N

Die Lösungsbuchstaben ergeben ein anderes Wort für Strategie: **Taktik**

129
☐ Dass die Kinder plözlich so leiße sind, komt im verdechtig vor.
☐ Das die Kinder plötzlich so leise sint, komt im verdächtig for.
☐ Das die Kinder plözlich so laise sind, kommt ihm verdechtig for.
☒ Dass die Kinder plötzlich so leise sind, kommt ihm verdächtig vor.

130
a gewinnen, Gewinn, Gewinner
b gehen, begehbar, Gehsteig
c siegen, siegreich, Sieger
d Platz, platzieren, platzsparend
e Ruhm, rühmen, berühmt
f Staat, staatlich, verstaatlichen
g Nerv, nerven, genervt
h Gruß, grüßen, Begrüßung

131
a
☐ süs
☒ süß
☐ süss

Strategien:
Ich achte auf die Länge des Vokals. (→ langer Vokal)
Ich verlängere das Wort. („süßer" → scharfer s-Laut)

b
☒ das Schaf
☐ das Schaff
☐ das Schahf

Strategien:
Ich achte auf die Länge des Vokals. (→ langer Vokal)
Ich beachte die l-m-n-r-Regel. (→ kein Dehnungs-h)

c
☐ fro
☒ froh
☐ froo

Strategien:
Ich verlängere das Wort. (→ „froher")
Ich trenne nach Silben. (→ silbentrennendes h)

d ☒ der Zug
☐ der Zuk
☐ der Zuck

Strategien:
Ich achte auf die Länge des Vokals. (→ langer Vokal)
Ich verlängere das Wort. („Züge“ → weiches g)

132

a	kurzer Vokal	+	scharfer s-Laut	→	**Schreibweise mit ss**
b	langer Vokal	+	**scharfer s-Laut**	→	Schreibweise mit ß
c	**langer Vokal**	+	weicher s-Laut	→	**Schreibweise mit s**

133

a Er denkt, der Stein ~~brinkt~~ ihm Glück.
→ richtig: **bringt** → Beweis: **bringen**

b Das Kind rennt gegen die ~~Want~~.
→ richtig: **Wand** → Beweis: **Wände**

c Die Bäume verlieren im Herbst ihre ~~Bletter~~.
→ richtig: **Blätter** → Beweis: **Blatt**

d Der Hund zieht ~~engstlich~~ den Schwanz ein.
→ richtig: **ängstlich** → Beweis: **Angst**

134 „Wer nicht wagt, der nicht ~~gewint~~.“ So lautet ein ~~geleufiges~~ Sprichwort. Es ~~besakt~~, ~~das~~ man sich nicht immer gleich ~~abschreken~~ lassen darf. Manchmal muss man den ersten ~~Schrit~~ wagen und sich etwas trauen, um ~~Erfolk~~ zu haben und seine ~~Zile~~ zu erreichen.

- gewinnt
- besagt
- abschrecken
- Erfolg
- geläufiges
- dass
- Schritt
- Ziele

Getrennt- und Zusammenschreibung

135

a Birgit hat alle **Aufgaben** im **Haus** erledigt.
Elias muss für morgen noch seine **Hausaufgaben** machen.

b Uli streckt seine **Beine** unter den **Tisch**.
Die **Tischbeine** lassen sich in der Höhe verstellen.

c Sonja tritt mit ihrem **Fuß** gegen den **Ball**.
Tobias spielt sehr gut **Fußball**.

d Aus der **Anlage** dröhnt laute **Musik**.
Gina bringt ihre **Musikanlage** zur Reparatur.

136

a	Esstisch	→	essen (Verb)	+	der Tisch (Nomen)
b	Fertiggericht	→	fertig (Adjektiv)	+	das Gericht (Nomen)
c	Modetrend	→	die Mode (Nomen)	+	der Trend (Nomen)
d	Schwimmbad	→	schwimmen (Verb)	+	das Bad (Nomen)
e	Blaulicht	→	blau (Adjektiv)	+	das Licht (Nomen)
f	Naturpark	→	die Natur (Nomen)	+	der Park (Nomen)
g	Sparschwein	→	sparen (Verb)	+	das Schwein (Nomen)
h	Privatleben	→	privat (Adjektiv)	+	das Leben (Nomen)
i	Sportverein	→	der Sport (Nomen)	+	der Verein (Nomen)

137 Was für ein Fußballkrimi! Diesen Spieltag wird man weder beim 1. FC Köln noch bei Bayern München so schnell vergessen. Die Kölner fuhren in der Rückrunde der Bundesliga einen spektakulären Heimsieg ein, obwohl die Bayern bereits als sichere Sieger in der Domstadt galten.

Der Rekordmeister dominierte lange Zeit das Spiel und war überwiegend im Ballbesitz. Zur Halbzeitpause führten die Bayern mit 2:0, der Sieg schien nur mehr eine Formsache zu sein. Doch in der zweiten Spielhälfte schlugen die Rheinländer zurück und gewannen noch mit 3:2. Während Bayern den Meistertitel nun endgültig abhaken kann, verlässt Köln die Abstiegszone.

138 a
- Radfahrer
- Radgabel
- Radprofi
- Radrennen
- Radweg

b
- Skiabfahrt
- Skianzug
- Skibrille
- Skilift
- Skistöcke

c
- Tennisball
- Tennismatch
- Tennisplatz
- Tennisschläger
- Tennisspieler

d
- Tanzbein
- Tanzfläche
- Tanzlokal
- Tanzmusik
- Tanzschritt

139 Festtag, Hausschuhe, Fetttropfen, Preisschild, Reiseerlebnis

140
a die Sonnenblume
b das Glücksspiel
c das Liebeslied
d die Heldentat
e der Markenname
f die Mausefalle

141
a Schluss-Strich
b Tee-Ei
c Schwimm-Meisterschaft
d See-Elefant
e Ballett-Tänzerin
f Hawaii-Inseln

142
a Basketball-Korb
b Mehrweg-Verpackung
c Festnetz-Anschluss
d Lotto-Annahmestelle
e Fußball-Weltmeisterschaft
f Güterzug-Fahrplan

143
a Tante Helga wird uns morgen **besuchen** kommen.
b Wollen wir bei dem schönen Wetter nicht **spazieren** gehen?
c Wo hast du so gut **tanzen** gelernt?
d Bettina hat die Aufgaben nicht **lösen** können.
e Auf der Klassenfahrt werden wir uns ein Zimmer **teilen** müssen.
f Kannst du mit **einkaufen** fahren und mir **tragen** helfen?

144

a Er hat den Schlüssel im Schloss *stecken lassen* / ~~*steckenlassen*~~.
Ich bezahle heute. Ihr könnt also euer Geld *stecken lassen* / *steckenlassen*.

b Samy ist krank, er muss im Bett *liegen bleiben* / ~~*liegenbleiben*~~.
Die Arbeit muss heute *liegen bleiben* / *liegenbleiben*.

c Die Braut will die Hochzeit *platzen lassen* / *platzenlassen*.
Die Kinder haben die Luftballons *platzen lassen* / ~~*platzenlassen*~~.

d Der Präsident ist mitten in seiner Rede *stecken geblieben* / *steckengeblieben*.
Das Auto ist im Schnee *stecken geblieben* / ~~*steckengeblieben*~~.

e Ich habe die Wäsche draußen *hängen lassen* / ~~*hängenlassen*~~.
Du kannst mich jetzt unmöglich *hängen lassen* / *hängenlassen*.

f Die Uhr ist um elf Uhr *stehen geblieben* / *stehengeblieben*.
Das Mädchen ist an der roten Ampel *stehen geblieben* / ~~*stehengeblieben*~~.

g An meinem Geburtstag werde ich eine Party *steigen lassen* / *steigenlassen*.
Der Wind ist gut, wir können den Drachen *steigen lassen* / ~~*steigenlassen*~~.

145

a Beim **Spazierengehen** kann ich am besten nachdenken.

b Ich freue mich schon auf unser **Kennenlernen**.

c Caro bringt ihrem Hund das **Sitzenbleiben** bei.

d Das **Lesenlernen** fällt Thomas schwer.

146

a **Rad** fahren

b **Kuchen** backen

c **Kaffee** kochen

d **Glück** bringen

e **Hilfe** leisten

f **Blumen** gießen

g **Schlittschuh** laufen

h **Fragen** stellen

i **Teppich** klopfen

j **Tisch** decken

k **Lärm** machen

l **Schlange** stehen

m **Fußball** spielen

n **Rücksicht** nehmen

147

- Paula ist beim Fußballspielen die Beste.
- Diese Form ist zum Kuchenbacken nicht geeignet.
- Herr Kaiser ist vom Schlangestehen an der Kasse total genervt.
- Wenn unsere Nachbarn im Urlaub sind, übernehme ich für sie das Blumengießen.

148
- **a** Der Richter wird dem Antrag der Verteidigung **stattgeben**.
- **b** Florians Eltern lassen ihn nicht am Judokurs **teilnehmen**.
- **c** Jessie lernt viel, weil sie ihre Fünf in Mathe **wettmachen** will.
- **d** Ist dir nicht wohl? Soll ich dich nicht besser **heimbringen**?
- **e** So eine Frechheit! Dein Verhalten wird dir noch **leidtun**!
- **f** Sollte mein Plan **fehlschlagen**, habe ich noch eine Idee auf Lager.

149
- **a** Nico fliegt morgen in den Urlaub, er muss noch **Koffer packen**.
- **b** Was ist so lustig? Lass mich an deiner Freude **teilhaben**.
- **c** Ihr Zeugnis lässt **schlussfolgern**, dass sie eine faule Schülerin ist.
- **d** Auf deine Frage kann ich dir keine **Antwort geben**.
- **e** Vor der Kinokasse müssen wir **Schlange stehen**.
- **f** Durch das geringe Gewicht lässt sich das Gerät leicht **handhaben**.
- **g** Mit fast jedem Handy kann man unterwegs **Musik hören**.
- **h** Manche Kinder merken nicht, dass sie **schlafwandeln**.
- **i** Deine Bosheiten werde ich dir **heimzahlen**.
- **j** Wenn die Schüler Unsinn treiben, muss der Lehrer sie **maßregeln**.

150

Infinitiv	Präsens	Perfekt
eislaufen	ich laufe eis	ich bin eisgelaufen
standhalten	du hältst stand	du hast standgehalten
kundtun	er tut kund	er hat kundgetan
heimkommen	wir kommen heim	wir sind heimgekommen
preisgeben	ihr gebt preis	ihr habt preisgegeben
teilnehmen	sie nehmen teil	sie haben teilgenommen

151
- **a** Vanessa möchte sich **gesund** ernähren.
- **b** Du solltest die Warnung **ernst** nehmen.
- **c** In Deutsch müssen wir ein Gedicht **auswendig** lernen.
- **d** Die Geiseln werden seit Monaten **gefangen** gehalten.
- **e** Mutter schimpft, wenn ich die Musik **laut** aufdrehe.

f Tarek hat zum Geburtstag ein Fahrrad **geschenkt** bekommen.

g Die Regierung will die Informationen **geheim** halten.

152 **a** Der Bauherr lässt auf der Baustelle *schwarz arbeiten / schwarzarbeiten*.

b Um schlank zu wirken, musst du dich *schwarz kleiden / schwarzkleiden*.

c Von der kleinen Portion kannst du doch unmöglich *satt sein / sattsein*.

d Ich gehe nach Hause, weil ich das Warten *satt habe / satthabe*.

153 **a** Doris muss die Küche blitzblank putzen.

b Matze muss den Hamsterkäfig sauber machen/saubermachen.

c Mutti muss die Eier weich kochen/weichkochen.

d Vati muss das Steak ganz weich klopfen.

154 **a** Es deutet sich an, dass die Aktienkurse **leicht fallen** werden.
Bei guter Vorbereitung wird dir die Prüfung **leichtfallen**.

b Aufsätze kann Luca sehr **gut schreiben**.
Den Betrag werden wir Ihrem Konto **gutschreiben**.

c Die Polizei konnte den Bankräuber bereits **festnehmen**.
Lass nicht los! Du musst das Seil **fest nehmen**.

d Die Sache darf einfach nicht **schiefgehen**.
An ihren Spuren sieht man, dass sie ganz **schief gehen**.

e Adjektive und Verben musst du **kleinschreiben**.
Wenn sie den Text so **klein schreiben**, brauche ich zum Lesen eine Lupe.

155 zurückkommen, zurückziehen, zurücklaufen, zurückbringen, zurücklegen, zurückrufen, zurückdenken, zurückgeben, zurücklassen, zurücknehmen, wegkommen, wegziehen, weglaufen, wegbringen, weglegen, wegdenken, weggeben, weglassen, wegnehmen, mitkommen, mitziehen, mitlaufen, mitbringen, mitdenken, mitgeben, mitnehmen, hervorkommen, hervorziehen, hervorbringen, hervorrufen, loskommen, losziehen, loslaufen, losbringen, loslegen, loslassen

156

a Sie werden bald von ihrer Reise *zurück sein* / ~~*zurücksein*~~.
b Sie werden nächste Woche ~~*zurück kommen*~~ / *zurückkommen*.
c Das Gewitter dürfte schnell *vorbei sein* / ~~*vorbeisein*~~.
d Kannst du schnell bei mir ~~*vorbei kommen*~~ / *vorbeikommen*?
e Sie will für immer mit ihm ~~*zusammen bleiben*~~ / *zusammenbleiben*.
f Er möchte sein Leben lang mit ihr *zusammen sein* / ~~*zusammensein*~~.
g Er ist den ganzen Tag ~~*da geblieben*~~ / *dageblieben*.
h Er ist an einem anderen Tag schon einmal *da gewesen* / ~~*dagewesen*~~.
i Das Theater müsste schon längst *aus sein* / ~~*aussein*~~.
j Sie wird ihre Bilder in der Galerie ~~*aus stellen*~~ / *ausstellen*.
k Lasst uns nach dem Sport gemütlich ~~*beisammen sitzen*~~ / *beisammensitzen*!
l Am liebsten würde ich immer mit dir *beisammen sein* / ~~*beisammensein*~~.

157

Infinitiv	Präsens	Perfekt
zusammenfassen	ich fasse zusammen	ich habe zusammengefasst
überholen	du überholst	du hast überholt
widersprechen	er widerspricht	er hat widersprochen
unterbrechen	wir unterbrechen	wir haben unterbrochen
nachprüfen	ihr prüft nach	ihr habt nachgeprüft
zurechtkommen	sie kommen zurecht	sie sind zurechtgekommen

158

a Kannst du bitte die Wäsche **zusammenlegen**?
b Ihr müsst in Zukunft besser **aufeinander aufpassen**.
c Lass uns doch unseren Geburtstag **zusammen feiern**!
d Nach dem Unfall kann Manuel endlich **wieder gehen**.
e Kannst du die Kisten bitte **aufeinanderstapeln**?
f Der Notarzt muss den Verletzten **wiederbeleben**.

159 a Wann werde ich dich *wieder sehen / wiedersehen*?
Nach der Laseroperation kann Frau Böll *wieder sehen / wiedersehen*.

b Die Mannschaft hat gut *zusammen gespielt / zusammengespielt*.
Die Kinder haben im Garten *zusammen gespielt / zusammengespielt*.

c Er ist noch einmal mit dem Schrecken *davon gekommen / davongekommen*.
Rauch nicht! Dein Husten ist sicher *davon gekommen / davongekommen*.

d Wenn wir *zusammen arbeiten / zusammenarbeiten*, erreichen wir mehr.
Wenn wir *zusammen arbeiten / zusammenarbeiten*, verfliegt die Zeit.

e Wie viel Geld hast du ihm schon *wieder gegeben / wiedergegeben*?
Sie hat den Textinhalt mit eigenen Worten *wieder gegeben / wiedergegeben*.

160 a Der Lehrer wird heute das letzte Kapitel noch einmal *wiederholen*.
Der Lehrer **wiederholt** heute das letzte Kapitel noch einmal.

b Linus wird sich sein gestohlenes Fahrrad *wiederholen*.
Linus **holt** sich sein gestohlenes Fahrrad **wieder**.

c Der Fährmann wird uns ans andere Ufer *übersetzen*.
Der Fährmann **setzt** uns ans andere Ufer **über**.

d Mia wird den Text vom Englischen ins Deutsche *übersetzen*.
Mia **übersetzt** den Text vom Englischen ins Deutsche.

e Cedric hat mir böse Absichten *unterstellt*.
Cedric **unterstellt** mir böse Absichten.

f Wenn es regnet, werde ich mich *unterstellen*.
Wenn es regnet, **stelle** ich mich **unter**.

161 a Der Brief ist **streng vertraulich**.

b Das Wasser ist **kochend heiß**.

c Der Prüfling ist **schrecklich nervös**.

d Das Seeufer ist **frei zugänglich**.

e Das Auto ist **rasend schnell**.

162 a Ich esse gern chinesische Gerichte, die **süßsauer** schmecken.

b Bevor die Blätter von den Bäumen fallen, färben sie sich **rotbraun**.

c Die Halswickel müssen **feuchtwarm** sein, damit sie helfen.

d Der Sommer beginnt **nasskalt** mit viel Regen und Temperaturen um die 10 °C.

163
- der mathematisch-naturwissenschaftliche Unterricht
- das öffentlich-rechtliche Fernsehen
- das englisch-deutsche Wörterbuch
- die deutsch-französische Grenze
- die medizinisch-technische Assistentin

164

Z	N	J	L	G	U	P	Q	H	Ü	R	U	W	E	G	T	T	E	B	E	D	T	B
P	G	L	A	U	B	W	Ü	R	D	I	G	A	D	H	A	R	W	Ü	R	K	Ü	V
Ü	B	O	U	G	T	L	A	G	K	E	Z	S	R	Y	N	D	S	G	P	O	L	H
K	A	U	F	F	R	E	U	D	I	G	R	C	B	N	Z	G	T	E	J	C	Ä	C
H	R	Ö	S	T	F	R	I	S	C	H	Z	H	V	M	W	E	T	L	K	H	R	T
F	V	L	T	R	E	F	F	S	I	C	H	E	R	R	Ü	I	E	F	I	F	S	R
T	E	Z	A	F	R	K	S	T	J	Ö	G	C	X	J	T	J	R	R	F	E	E	W
S	C	H	R	E	I	B	F	A	U	L	H	H	S	K	I	K	P	E	X	S	H	I
R	W	Y	K	W	S	U	C	V	Z	Ä	P	T	Q	E	G	L	O	I	D	T	G	N

- laufstark
- tanzwütig
- glaubwürdig
- kauffreudig
- treffsicher
- waschecht
- bügelfrei
- kochfest
- röstfrisch
- schreibfaul

165

a steinhart
b knielang
c windgeschützt
d meterhoch
e freudestrahlend
f computergesteuert
g hitzebeständig
h wetterfest
i federleicht
j angsterfüllt
k fingerbreit
l messerscharf

166 bitterkalt, schwerreich, reinweiß, hellwach, hochintelligent, zartbitter, lauwarm, frühreif

167

a Die Firmen <u>arbeiten</u> <u>zusammen</u>.
zusammenarbeiten → die **zusammenarbeitenden** Firmen

b Die Koalition <u>brach</u> <u>auseinander</u>.
auseinanderbrechen → die **auseinandergebrochene** Koalition

c Seine Schneidezähne stehen hervor.
hervorstehen → seine **hervorstehenden** Schneidezähne

d Sie tauschte das Kleid um.
umtauschen → das **umgetauschte** Kleid

e Die Passagiere fahren schwarz.
schwarzfahren → die **schwarzfahrenden** Passagiere

f Unsere Katze lief weg.
weglaufen → unsere **weggelaufene** Katze

168 a Die **geheim gehaltenen** Dokumente sind weg.
Die **geheimgehaltenen** Dokumente sind weg.

b Der **Aufsicht führende** Lehrer ist Herr Müller.
Der **aufsichtführende** Lehrer ist Herr Müller.

c Frau Biller ist **allein erziehende** Mutter.
Frau Biller ist **alleinerziehende** Mutter.

d Laura hat **Gewinn bringende** Aktien gekauft.
Laura hat **gewinnbringende** Aktien gekauft.

e Dein Verhalten hat **weit reichende** Folgen.
Dein Verhalten hat **weitreichende** Folgen.

f Svens Muffins sind **selbst gebacken**.
Svens Muffins sind **selbstgebacken**.

169 a Der ~~*fest genommene*~~ / *festgenommene* Verdächtige hat die Tat gestanden.
→ **festnehmen**

b Mario hat einen *gut bezahlten* / *gutbezahlten* Ferienjob.
→ **gut bezahlen**

c Der Patient wendet sich *Rat suchend* / *ratsuchend* an den Arzt.
→ **Rat suchen**

d Nomen sind ~~*groß geschriebene*~~ / *großgeschriebene* Wörter.
→ **großschreiben**

e Präge dir die *oben genannten* / *obengenannten* Regeln gut ein.
→ **oben nennen**

f Der ~~*krank geschriebene*~~ / *krankgeschriebene* Schüler muss die Klassenarbeit nachschreiben.
→ **krankschreiben**

170 **Ferienlager**

Wer hat Lust auf richtig wilde Ferien? Das Jugendzentrum veranstaltet im Sommer wieder ein Ferienlager an der deutsch-österreichischen Grenze. Dort zeigen wir euch, wie man in freier Natur überleben kann. Wir werden gemeinsam bergsteigen und uns mit Karte und Kompass zurechtfinden. Wir können auf Bäume klettern und uns von Felsen abseilen. Abends möchten wir Feuer machen und unser Essen über der Feuerstelle kochen. Wir wollen in unserem Zeltlager gemütlich beisammensitzen und draußen übernachten. Die Ferien werden viel zu schnell vorbeigehen und ihr werdet nicht mehr heimfahren wollen. Wer an der Ferienfreizeit teilnehmen möchte, kann sich noch bis zum Wochenende bei uns im Jugendheim anmelden. (104 Wörter)

171
- a Jeder wird seinen **Teil beitragen**.
- b Soll ich das Geheimnis **preisgeben**?
- c Du musst auf die Uhr bitte **gut aufpassen**.
- d Lasst uns das Lied alle **zusammen singen**!
- e Wirst du an der Veranstaltung **teilnehmen**?
- f Herr Krause lässt sich den Rabatt **gutschreiben**.
- g Der Händler will nachträglich den **Preis erhöhen**.
- h Wird der Knochen wieder **zusammenwachsen**?

172
- ▶ Sportart
- ▶ Sportfest
- ▶ Sportlehrer
- ▶ Sportveranstaltung
- ▶ Sportverletzung
- ▶ Sportboot
- ▶ Sportgerät
- ▶ Sportunfall
- ▶ Sportverein
- ▶ Sportwagen

173
- [ ] Dein Platz wird freibleiben, bis du wieder zurückkommst.
- [ ] Dein Platz wird frei bleiben, bis du wiederzurückkommst.
- [X] Dein Platz wird frei bleiben, bis du wieder zurückkommst.
- [ ] Dein Platz wird freibleiben, bis du wieder zurück kommst.

174
- a abbruchreif
- b kinderreich
- c todsicher
- d sauerstoffarm

175 Nimm zum ~~spazieren gehen~~ besser den ~~Regen Schirm~~ mit, denn es soll heute noch ~~starkregnen~~.
Nimm zum **Spazierengehen** besser den **Regenschirm** mit, denn es soll heute noch **stark regnen**.

176 **a**
- [x] ein Zeit sparendes Verfahren
- [x] ein zeitsparendes Verfahren
- [ ] ein zeitsparendes verfahren

b
- [ ] ein strahlendschöner Morgen
- [x] ein strahlend schöner Morgen
- [ ] ein strahlend Schönermorgen

c
- [x] ein fehlgeschlagener Versuch
- [ ] ein Fehl geschlagener Versuch
- [ ] ein fehl geschlagener Versuch

177 **a** Er **wird** den Vertrag **unterschreiben**.
Er **unterschreibt** den Vertrag.
Er **hat** den Vertrag **unterschrieben**.
Er **unterschrieb** den Vertrag.

b Er **wird** den Schlüssel **zurückbringen**.
Er **bringt** den Schlüssel **zurück**.
Er **hat** den Schlüssel **zurückgebracht**.
Er **brachte** den Schlüssel **zurück**.

Zeichensetzung

178 **a** Spiel den Ball ab!
b Warst du schon einmal im Europapark?
c Endlich Ferien!
d Mein Lieblingsessen sind Spaghetti.
e Ich kann heute leider nicht zum Training kommen.
f Ich möchte später einmal Arzthelferin werden.
g Wenn ich mir nur dieses Handy kaufen könnte!
h Kommst du heute Nachmittag mit ins Kino?
i Lass mich endlich in Ruhe!
j Könntest du mir bitte helfen?
k Du drehst jetzt sofort die Musik leiser!
l Fotografieren macht mir großen Spaß.

179 **a** Ich möchte später beim Film arbeiten. / Was hältst du davon?
b Nimm dir Zeit für deine Berufswahl! / Dies ist eine wichtige Entscheidung.
c Am liebsten würde ich Mediengestalter lernen. / Hoffentlich finde ich einen Ausbildungsplatz!

180 Hallo Christina!
Wie waren deine Ferien? Warst du wieder bei deinen Großeltern im Allgäu? Wir sind gestern aus Kroatien zurückgekommen. Der Urlaub war einfach spitze! Auf dem Campingplatz habe ich einen netten Typen kennengelernt. Er heißt Daniel und kommt auch aus Deutschland. Wenn ich ihn doch nur bald wieder sehen könnte! Lass uns morgen unbedingt treffen! Hast du Zeit? Dann kann ich dir auch ein Foto von ihm zeigen. Er ist einfach total süß! Bis morgen!
Sarah

181 **a** Soll ich das rote, gelbe, blaue oder grüne T-Shirt anziehen?
b In der Zeitung stehen Berichte, Kommentare, Analysen und Reportagen.
c Äpfel, Bananen, Tomaten und Zwiebeln stehen auf Sylvies Einkaufsliste.
d Sie entschuldigte sich, er verzieh ihr und sie versöhnten sich wieder.

e Verena fährt gern in die Stadt, bummelt durch die Fußgängerzone, sieht sich in den Geschäften um und sucht nach ausgeflippten Modetrends.

f Du gehst mir mit deiner ewigen Nörgelei, deiner Besserwisserei und deiner Überheblichkeit ganz schön auf die Nerven.

g Zum Schulfest lud der Schulleiter alle Schülerinnen und Schüler, ihre Eltern und Geschwister, alle Lehrerinnen und Lehrer und den Hausmeister mit seiner Familie ein.

h Du kannst nicht ständig auf Partys gehen, dich bis spät abends mit deinen Freunden treffen, nächtelang im Internet surfen und dann ausgeschlafen, gut in der Schule und fit beim Training sein.

182

		Komma (Aufzählung)	kein Komma (keine Aufzählung)
a	In den nächsten großen Ferien fährt Pascal mit seinen Eltern nach Norwegen.	☐	☒
b	Was soll ich mit dieser rostigen, verbogenen Schere anfangen?	☒	☐
c	Der Stürmer machte beim gestrigen Pokalspiel einen müden, unmotivierten Eindruck.	☒	☐
d	Sabrina wurde von ihrer Lehrerin für ihre zahlreichen anschaulichen Beispiele in ihrem Referat gelobt.	☐	☒
e	In London haben wir schmackhafte englische Spezialitäten genossen.	☐	☒
f	Heutzutage gibt es in Supermärkten viele vitaminreiche Nahrungsergänzungsmittel zu kaufen.	☐	☒
g	Mit diesem widerspenstigen, unberechenbaren Gaul reite ich nie wieder aus!	☒	☐
h	Auch heute noch ist der Nil für Ägypten von entscheidender wirtschaftlicher Bedeutung.	☐	☒
i	Der Nil besitzt zwei Quellflüsse: einen kürzeren, wasserreicheren („Blauer Nil“) und einen längeren, wasserärmeren („Weißer Nil“).	☒	☐
j	Die bekanntesten deutschen Dichter dürften wohl Goethe und Schiller sein.	☐	☒

183 a Ich habe gestern bei dir geklingelt, aber du warst nicht zu Hause.

b Diego stammt aus einer reichen, doch ziemlich geizigen Familie.

c Herr Ziegler kauft sich kein neues, sondern ein gebrauchtes Auto.

d Janina ist nicht dick, aber auch nicht dünn, sondern ganz normal.

e Ich leihe dir heute Nachmittag meine Playstation, doch dafür lässt du mich morgen in Mathe abschreiben.

f Beim Sturz von der Leiter hat Georg sich nicht nur den Arm gebrochen, sondern auch eine Gehirnerschütterung zugezogen.

g Steven und Paul würden gern zum Baden an den See fahren, doch es regnet schon seit Ferienbeginn.

h Robin suchte seinen verlorenen Schlüsselbund überall, aber er konnte ihn nirgends finden.

i Von der schlechten Nachricht war Carina etwas beunruhigt, doch nicht ohne Hoffnung.

j Nicht nur in Deutsch, sondern auch in Englisch, Mathematik und Biologie ist seine Versetzung gefährdet.

k Delia und Feline sind typische Schwestern: Sie spielen, lachen und albern zusammen, aber sie streiten und zanken sich auch.

l Beim Fußball kommt es auf die Spielstärke der einzelnen Spieler an, aber auch auf die Taktik des Trainers, den Teamgeist und den Siegeswillen der Mannschaft.

184 Ellie aus den USA kam für einen vierwöchigen Sprachaufenthalt nach Deutschland, bei ihrer Ankunft am Düsseldorfer Flughafen war die Austauschschülerin ganz aufgeregt. Ihre deutsche Gastfamilie holte sie vom Flughafen ab, selbst der Hund war mit dabei. Die Begrüßung verlief sehr herzlich, Ellie fühlte sich von Beginn an sehr wohl(,) und auch die Gastfamilie schloss sie sofort ins Herz. Nach der Landung brachte die Gastfamilie sie erst einmal in ihr neues Zuhause, sie sollte sich von der langen Reise etwas ausruhen. Ellie hatte Geschenke aus den USA mitgebracht, das war eine gelungene Überraschung. In Düsseldorf gefiel es Ellie sehr gut, vor allem von der Rheinuferpromenade war sie begeistert. Mit ihrer Gastschwester Simone verstand sich Ellie den ganzen Monat über blendend, die beiden Mädchen wurden echte Freundinnen. Sie wollen sich bald wiedersehen, Ellie muss unbedingt wiederkommen(,) oder Simone wird bald nach Chicago fliegen. Bei der Abreise waren alle traurig, die Gastmutter weinte nach Ellies Abschiedskuss sogar ein bisschen.

185 a Ich verrate dir ein Geheimnis, **wenn** du es für dich behalten kannst.
b Finn spielt sehr gut Basketball, **obwohl** er relativ klein ist.
c Wir fahren in den Urlaub, **während** Oma auf den Hund aufpasst.
d Jana erreicht ihre Ziele, **indem** sie hart dafür arbeitet.
e Lass uns von hier verschwinden, **sobald** es dunkel ist.
f Aline hat Hausarrest, **sodass** sie nicht auf die Party kommen kann.
g Du musst den Saft schütteln, **bevor** du die Flasche öffnest.
h Tobi kauft sich ein Mofa, **damit** er nicht mehr auf den Bus warten muss.
i Melissa geht shoppen, **nachdem** sie ihr Taschengeld bekommen hat.
j Malte freut sich darüber, **dass** er einen Praktikumsplatz erhalten hat.
k Cora kann heute ausschlafen, **weil** sie erst später in die Schule muss.

186 a Hunde, die bellen, beißen nicht.
b Kennst du die Frau, die dort drüben steht und winkt?
c Am Wochenende gehen wir in die Disco, die neu eröffnet worden ist.
d Das ist meine Schwester, von der ich dir schon viel erzählt habe.
e Mutter kauft dort ein, wo es am günstigsten ist.
f Das Schnitzel, das es heute Mittag in der Schulkantine gab, war sehr lecker.
g Ich finde unseren Mathelehrer, über den ihr ständig schimpft, gar nicht so schlimm.
h Ich habe im letzten Diktat eine Eins geschrieben, was meine Lehrerin sehr gefreut hat.

187 a Das Buch, das Dennis am Flohmarkt gekauft hat, ist spannend.
b Kim, in die Ahmed sich verliebt hat, ist sehr hübsch.
c Mein Onkel, den ich in den großen Ferien besuchen werde, lebt in London.
d Andi, den ich zu meiner Party eingeladen hatte, ist nicht gekommen.
e Marlon spart auf einen Motorroller, von dem er schon lange träumt.

188 a **Wenn** er endlich da ist, können wir anfangen.
b **Weil** Kevin nach der Schule nicht nach Hause gekommen ist, macht sich seine Mutter Sorgen.
c Ich möchte noch schnell die Hausaufgaben fertig machen, **damit** ich dann an den See zum Baden fahren kann.

d **Seitdem** Julian Nachhilfe in Mathematik bekommt, schreibt er bessere Noten, **sodass** seine Versetzung nicht mehr gefährdet ist.

189 a Hier sind die Hefteinträge, die wir im Deutschunterricht gemacht haben, während du krank warst.

b Als ich an meinem Geburtstag in die Schule kam, erwartete mich eine tolle Überraschung, mit der ich nicht gerechnet hatte.

c Björn hat mich gefragt, ob ich heute ins Kino mitkomme, weil der Film, den er unbedingt sehen möchte, endlich angelaufen ist.

d Obwohl meine Oma mich manchmal nicht mehr erkennt, merke ich, dass es sie freut, wenn ich sie besuche.

190 a Sag mir die Wahrheit, **anstatt** ständig zu lügen!

b Thomas verschwand, **ohne** sich zu verabschieden.

c Fällt dir nichts Besseres ein, **als** mich zu nerven?

d Jenny konnte nichts tun, **außer** die Polizei zu rufen.

e Ich gehe zur Schule, **um** etwas zu lernen.

f Louis sitzt nur faul da, **statt** seinem Vater zu helfen.

191 a Ich habe nicht damit gerechnet, dich hier zu sehen.

b Ali hofft darauf, von einem Proficlub entdeckt zu werden.

c Hast du Lust, mit mir zum Schlittschuhlaufen zu gehen?

d Ich warne dich davor, diesem Typen zu vertrauen.

e Hör doch endlich damit auf, ständig Unsinn zu machen!

f Eva hat Angst davor, bei der nächsten Prüfung zu versagen.

g Mesut weigert sich, mit seiner Schwester das Zimmer zu teilen.

h Ich habe kein Interesse daran, dir dein altes Handy abzukaufen.

192 Die Klasse 5c fuhr ins Neanderthal-Museum nach Mettmann, um etwas über die Steinzeitmenschen zu erfahren. Ein Rundgang durchs Museum bot viele Möglichkeiten, faszinierende Einblicke in die lange Geschichte der Menschheit zu bekommen. Für die Schüler war es spannend, sich in die Lebenssituation der Frühmenschen hineinzuversetzen. Sie brauchten Millionen von Jahren, um von Jägern und Sammlern zu Ackerbauern und Viehzüchtern zu werden.
Danach hatten die Schüler die Gelegenheit, die steinzeitlichen Werkzeuge selbst auszuprobieren. In der Steinzeitwerkstatt versuchten sie, eigene Stein-

amulette zu fertigen. Es war erlaubt, die selbst erstellten Schmuckstücke mit nach Hause zu nehmen.
Nach der körperlichen Arbeit war es dann wichtig, sich bei einem Picknick vor dem Museum zu stärken. Anschließend stand auf dem Programm, die Fundstelle des berühmten Neandertalers zu besichtigen. Zum Schluss blieb noch etwas Zeit, den Kunstweg und das eiszeitliche Wildgehege zu erkunden.
Die Klasse war ganz begeistert davon, den Geschichtsunterricht einmal mit allen Sinnen erleben zu dürfen, anstatt im Klassenzimmer zu sitzen. Der Lehrer versprach ihnen, das bald zu wiederholen.

193
- **a** Der Reiter nahm Anlauf, auf die Kraft des Pferdes vertrauend.
- **b** Kräftig emporgewachsen steht diese uralte Eiche da.
- **c** Sich vorsichtig anschleichend, so jagte die Katze eine Maus.
- **d** Singend biegt Gustav um die Ecke.

194
- **a** Vorsichtig nach allen Seiten blickend, so bewegte er sich vorwärts.
- **b** Neugierig geworden(,) sah der Hund zu mir herüber.
- **c** Lina, heftig am Kopf blutend, wurde sofort ins Krankenhaus gebracht.
- **d** Eine Taktiktafel benutzend(,) erklärt die Sportlehrerin die Laufwege beim Basketball.
- **e** Cem versuchte, auf seinen Charme vertrauend, die Lehrerin zu beschwichtigen.

195
- **a** Bastian, wo bist du?
- **b** Guten Tag, Herr Schober!
- **c** Frau Hamm, ich grüße Sie!
- **d** Ich hab dich gern, mein Schatz!
- **e** Boris, kommst du bitte?
- **f** Tut mir leid, Jan, ich kann jetzt nicht.
- **g** Hör auf zu schwätzen, Martha!
- **h** Danke für die Einladung, Tante Ilse!

196
- **a** Die **Zugspitze**, der höchste Berg Deutschlands, misst 2 962 Meter.
- **b** **Rügen**, die größte deutsche Insel, liegt vor der pommerschen Ostseeküste und ist bekannt für die Kreidefelsen.
- **c** Die Band „Tokio Hotel" kommt aus **Magdeburg**, der Landeshauptstadt von Sachsen-Anhalt.
- **d** Durch Köln fließt der **Rhein**, der längste in Deutschland fließende Fluss.
- **e** Das **Oktoberfest**, das größte Volksfest der Welt, findet jedes Jahr in **München**, der Landeshauptstadt von Bayern, statt.

f Der Roman „Die Leiden des jungen Werther“ wurde von **Johann Wolfgang von Goethe**, dem berühmtesten deutschen Dichter und Schriftsteller, verfasst.

197 a Nervlich am Ende schreit sie: „So kann es nicht weitergehen!“

b „Das ist doch alles gar nicht so schlimm“, versucht er sie zu beruhigen.

c „Kannst du mir helfen?“, bittet sie ihn.

d Darauf entgegnet er: „Lass uns nach passenden Möglichkeiten suchen!“

e „Wenn du mir hilfst“, verspricht sie ihm, „lade ich dich zum Essen ein.“

f „Das ist nicht nötig“, meint er, „ich helfe dir gern.“

198 a Frau Anger schimpft ihren Sohn Max: „*Wenn du dich weiterhin so aufführst, schicken wir dich in ein Internat, damit du gutes Benehmen lernst!*“ Daraufhin fragt Max: „*Kann ich denn das nicht zu Hause lernen?*“

b Chris ist neu in der Klasse. Der Lehrer fragt ihn: „*Wie steht es mit den Fremdsprachen?*“ „*Gut*“, prahlt Chris, „*außer der deutschen sind mir alle Sprachen fremd.*“

c Frau Koch fährt mit ihrem Punto zur Tankstelle und fragt dort: „*Was kostet ein Tropfen Benzin?*“ „*Nichts*“, antwortet der Tankwart. „*Toll*“, freut sich Frau Koch, „*dann tropfen Sie mir bitte den Tank voll!*“

d „*Finden sie nicht*“, fragt Stefans Mutter beim Elternabend, „*dass mein Sohn sehr kreativ ist und viele einzigartige Ideen hat?*“ „*Oh ja*“, stimmt die Lehrerin zu, „*vor allem in der Rechtschreibung!*“

e „*Papa*“, fragt Hannes seinen Vater, „*bist du als Kind eigentlich immer brav zur Schule gegangen?*“ „*Aber natürlich, mein Sohn!*“, entgegnet ihm dieser. „*Siehst du*“, sagt Hannes lachend zur Mutter, „*es hat auch nichts genützt.*“

f Der Richter fragt den Angeklagten: „*Warum haben Sie das Auto gestohlen?*“ Darauf antwortet der Angeklagte: „*Ich musste ganz schnell zur Arbeit, Herr Richter.*“ „*Da hätten Sie doch ebenso gut einen Bus nehmen können*“, entgegnet ihm der Richter. „*Tut mir leid*“, erwidert der Angeklagte, „*für Busse habe ich keinen Führerschein.*“

g Das Ehepaar Schwarz kann nachts nicht schlafen, weil der Hund im Garten des Nachbarn ständig bellt. „*Mir reicht's!*“, knurrt Herr Schwarz und springt wütend aus dem Bett. „*Ich gehe jetzt runter und kläre das.*“ Als er nach einer Weile wieder zurückkommt, fragt ihn seine Frau: „*Und was hast du gemacht?*“ „*Ich habe den Hund in unseren Garten gebracht*“, antwortet Herr

Schwarz. „*Die da drüben sollen mal sehen, wie das ist, wenn bei den Nachbarn der Hund kläfft.*"

199 **a** Heute Abend muss ich lernen; daher kann ich nicht ins Kino.

b Diese Aufgabe ist nicht schwierig; aber anstrengen muss man sich.

c Nejat ist zweisprachig aufgewachsen; denn seine Eltern sind Türken.

d Amelie möchte ein Baumhaus bauen; doch ihr Vater ist dagegen.

e Ich kann fließend Englisch sprechen; allein es hilft mir hier nichts.

200 **a** Mutter hat eingekauft: Bananen, Kiwis, eine Ananas; Salami, Schinken, Nudelsoße; Taschentücher, Duschgel.

b Qualifiziert für die Basketball-WM: Deutschland, Kroatien, Schweden, Italien; USA, Kanada; Angola, Südafrika.

c Die Zoohandlung hat ab sofort im Sortiment: Wandelnde Blätter, Gottesanbeterinnen; Streifenhörnchen, Degus, Chinchillas; Geckos, Leguane.

d Die beliebtesten Kindernamen des Jahres: Johanna, Maria, Emma; Alexander, Jonas, Leon.

201 **a** Zusammenfassung

b Aufzählung

c Zitat

d Zitat

e Gedanke

f Aufzählung

202 Das Leben einer Katze

Katzen haben es gut. Fressen, schlafen, gestreichelt werden: Sonst passiert nicht viel in ihrem Leben. Oft, wenn ich über meinen Hausaufgaben sitze und meiner Mieze zuschaue, denke ich: Nur für einen Tag Katze sein. Was ich dann tun würde, ist klar. Viel wichtiger ist aber, was ich alles *nicht* tun würde: früh aufstehen, zur Schule gehen, beim Abwasch helfen, Hausaufgaben machen und für die Schulaufgabe lernen. Und ich käme endlich mal zur Ruhe. Wie heißt es so schön: Wenn Gähnen reich machen würde, wären Katzen Millionäre.

203 **a** Ich war froh, etwas (als eine Art Wiedergutmachung) für meine Mutter tun zu können.

b Immer mehr Schüler aus meiner Klasse – auch die, die eigentlich nicht so viel Geld haben – besitzen ein Smartphone.

c Kisten voll mit alten Spielsachen – im Lauf der Jahre hatte sich einiges angesammelt – schleppte Hansi zum Flohmarkt.

d Die deutschen Vereine (Stuttgart, Hannover, Leverkusen und Mönchengladbach) waren in der Europa League bisher recht erfolgreich.

e Wir eilten – Vater hatte schließlich extra für uns Schweinebraten gemacht – schnell nach Hause.

f Johannes Gutenberg (der Erfinder des Buchdrucks) wurde in Mainz geboren.

g Viele meiner Freundinnen (sogar Meike, Inka und Verena) dürfen einmal pro Woche in die Disco gehen. Warum ich nicht?

(Bei dieser Aufgabe gibt es mehrere Möglichkeiten. Oft sind Klammern und Gedankenstriche gegeneinander austauschbar.)

204

a	vitaminreich und ballaststoffreich	vitamin- und ballaststoffreich
b	hingerissen und hergerissen	hin- und hergerissen
c	bergauf und bergab	berauf und -ab
d	Hundefutter und Hundespielzeug	Hundefutter und -spielzeug
e	Badtür, Küchentür und Esszimmertür	Bad-, Küchen- und Esszimmertür
f	Brecht-Gedichte sowie Brecht-Dramen	Brecht-Gedichte sowie -Dramen
g	Vorteile und Nachteile	Vor- und Nachteile
h	hinuntergehen und hinunterfahren	hinuntergehen und -fahren
i	Zugtickets oder Flugtickets	Zug- oder Flugtickets
j	Sommerreifen und Winterreifen	Sommer- und Winterreifen

205

		richtig	falsch
a	Benimm' dich doch anständig!	☐	☒
b	Daniel geht's heute nicht gut.	☒	☐
c	Findest du Nils' Haare auch so schön?	☒	☐
d	Ich habe zu Hause noch so viele MC's!	☐	☒
e	Heine'sche Naturgedichte	☒	☐
f	Das ist vielleicht 'n Bombenspiel!	☒	☐

206

- ☐ Bring' mir Ines' CDs.
- ☐ Bring mir Ines' CD's.
- ☒ Bring mir Ines' CDs.
- ☐ Bring mir Ines CDs.

207 **Das Pferd und der Esel**

Ein Pferd und ein Esel, die beide gleichmäßig beladen waren, wurden von ihrem Herrn, einem herzlosen Bauern, zum Markt getrieben. Als sie schon eine gute Strecke zurückgelegt hatten, fühlte der Esel, dass seine Kräfte zu Ende gingen. „Ach“, bat er das Pferd klagend, „du bist viel größer und stärker, aber musst nicht schwerer tragen als ich. Bitte nimm mir einen Teil der Last ab, sonst breche ich zusammen.“

Hartherzig schlug ihm das Pferd seine Bitte ab: „Wo denkst du hin, fauler Esel? Ich muss selbst meinen Teil tragen, das ist bereits genug.“

Heftig keuchend, so schleppte sich der Esel weiter, bis er schließlich erschöpft zusammenbrach. Vergeblich hieb der Bauer auf ihn ein, aber der Esel war tot. Nun blieb dem Bauern nichts anderes übrig, als die ganze Last des Esels auf das Pferd zu packen. Rücksichtslos lud er die Satteltaschen, das Fass, die Decken und das Halfter auf das Pferd. Um auch noch etwas von dem Esel zu retten, zog ihm der Besitzer das Fell ab und legte es dem Pferd noch oben drauf.

Zu spät bereute dieses seine Hartherzigkeit. „Mit leichter Mühe“, klagte das Pferd, „hätte ich dem Esel einen kleinen Teil seiner Last abnehmen und ihn vor dem Tod retten können. Jetzt muss ich seine ganze Last und dazu noch seine Haut tragen.“

208 a Laut einer aktuellen Umfrage von BITKOM, einem Verband der deutschen Informations- und Telekommunikationsbranche, nutzen 98 Prozent der 10- bis 18-Jährigen das Internet.
Einschub

b Die Jugendlichen sind vor allem zur Informationssuche, zum Abspielen von Filmen und Musik sowie zur Kommunikation mit Freunden im Netz.
Aufzählung

c Erstaunlich dabei ist, dass die jungen Internetnutzer insbesondere für die Schule oder die Ausbildung nach Informationen suchen.
Nebensatz

d Liebe Lehrer, das Onlineangebot sollte daher an Schulen ausgebaut werden.
Anrede

e Online-Gemeinschaften verzeichnen einen regen Zulauf an Mitgliedern, über drei Viertel der Jugendlichen sind bereits regelmäßig in sozialen Netzwerken wie Facebook oder Schüler-VZ aktiv.
Satzreihe

f Soziale Netzwerke haben aber nicht nur positive Auswirkungen, sondern bringen auch Gefahren mit sich.
Gegensatz

g Experten warnen eindringlich davor, im Internet zu viele persönliche Daten preiszugeben.
Infinitivsatz

Worttrennungen am Zeilenende

209 „Ach“, sag|te die Maus, „die Welt wird en|ger mit je|dem Tag. Zu|erst war sie so breit, dass ich Angst hat|te, ich lief wei|ter und war glück|lich, dass ich end|-lich rechts und links in der Fer|ne Mau|ern sah, aber die|se lan|gen Mau|ern ei|len so schnell auf|ei|n|an|der zu, dass ich schon im letz|ten Zim|mer bin, und dort im Win|kel steht die Fal|le, in die ich lau|fe.“ – „Du musst nur die Lauf|rich|tung än|dern“, sag|te die Kat|ze und fraß sie.

210 **a**

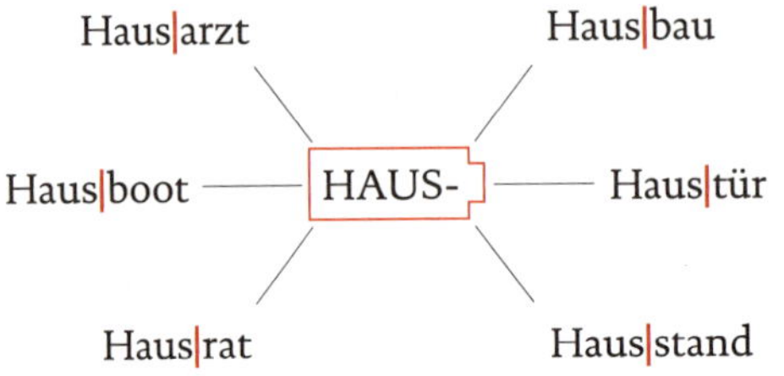

b

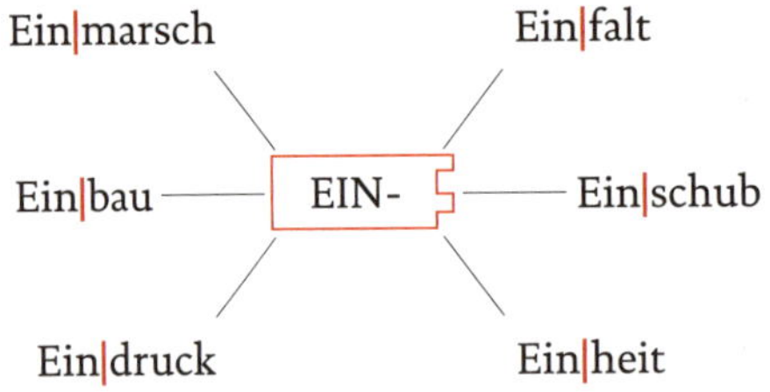

c

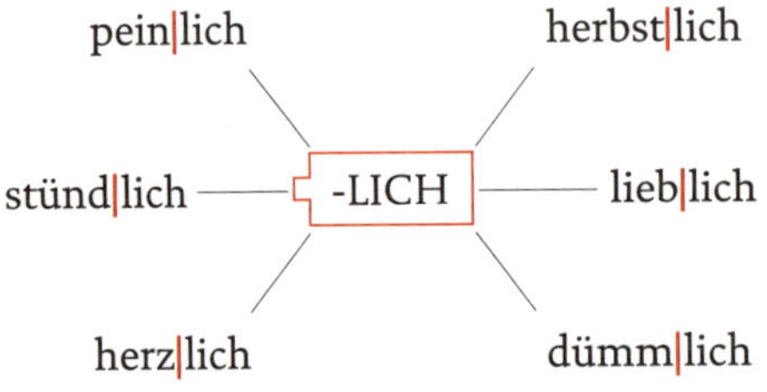

211 Ei|ne der be|lieb|tes|ten Hun|de|ras|sen der Deut|schen ist der Da|ckel. Man nennt ihn auch Dachs|hund oder Te|ckel. Die|ser Hund zeich|net sich aus durch sei|nen nied|ri|gen und lang|ge|zo|ge|nen Wuchs. Es gibt vie|le ver|-schie|de|ne Grö|ßen und Fell|ar|ten. Sein for|sches We|sen und sein star|kes Selbst|be|wusst|sein ver|ur|sa|chen manch|mal Strei|te|rei|en mit an|de|ren Hun|den. Ge|züch|tet wur|de der Da|ckel für die Jagd.

212

a Te|le|skop, Te|les|kop

b Par|odie, Pa|ro|die

c Spekt|rum, Spek|trum

d Tet|ra|pak, Te|tra|pak

e ext|ra, ex|tra

f Hekt|ar, Hek|tar

213 Ich mache gerne Urlaub in Frankreich. Da ich in der Bretagne ein Landhaus besitze, bin ich mindestens zweimal im Jahr dort. Allerdings ist mein Haus ziemlich weit ab vom Schuss, und die Infrastruktur ist schlecht. So dauert es immer ein wenig, bis ich vom Flughafen dorthin komme. Mein Haus ist wunderschön möbliert und ich habe einen großen Garten. Die Bewässerung der Pflanzen ist elektrisch gesteuert. Falls sie einmal ausfallen sollte, hat sich aber mein Nachbar Monsieur Simon, ein echter Patriot, dazu bereit erklärt, selbst Hand anzulegen, damit nichts vertrocknet. Monsieur Simon ist eben ein echter Gentleman! So lässt es sich leben wie Gott in Frankreich …

Bre|tag|ne oder Bre|ta|gne
Inf|ra|struk|tur oder In|fra|struk|tur
möb|liert oder mö|bliert
elekt|risch oder elek|trisch
Monsi|eur oder Mon|sieur
Pat|ri|ot oder Pa|tri|ot
Gent|le|man oder Gen|tle|man

214 Die Früh|mes|se war vor|bei, die Leu|te dräng|ten aus der Kir|che, ver|lo|ren sich auf ver|schie|de|nen We|gen nach ih|ren Ge|höf|ten oder ver|hiel|ten sich wohl auch plau|dernd, in Grup|pen, auf dem gro|ßen Platz. Im Got|tes|haus blie|ben nur die|je|ni|gen zu|rück, die ein be|son|de|res An|lie|gen auf dem Her|zen hat|ten.

In der letz|ten Kir|chen|bank saß, in ei|ne Ecke ge|drückt, ein gar schmäch|ti|ges Bäu|er|lein. Der gro|ße Hut, der ne|ben ihm auf dem Sitz|brett lag, sah da|nach aus, als kön|ne er sich über das gan|ze Männ|chen stül|pen, dass nichts her|vor|sä|he als die Schuh|spit|zen. Durch eine Ro|set|te aus far|bi|gen Glä|sern, ober|halb ei|nes Sei|ten|al|tars, fiel ein Licht|streif quer in das Schiff der Kir|che und ließ die Wes|te des Be|ters in bren|nen|dem Rot auf|leuch|ten. Ein paar tie|fe Fal|ten durch|fuh|ren sie, wie sie so schlot|te|rig über sei|ner ein|ge|sun|ke|nen Brust hing, und von den ku|ge|li|gen, blei|er|nen Knöp|fen fehl|te ei|ner.

Ja|kob Wies|ner hieß der Mann im Bet|stuhl …

Fachbegriffe

Hier sind noch einmal die **wichtigsten Fachbegriffe** zusammengefasst, die in diesem Buch verwendet werden.

- Schlage nach, wenn du ein Fachwort nicht kennst. Die Begriffe werden anhand von Beispielen verständlich erklärt.
- Präge sie dir gut ein, denn sie werden dir im Deutschunterricht immer wieder begegnen.

- **Adjektiv** (Eigenschaftswort, Wiewort)
  Adjektive beschreiben Eigenschaften und Merkmale von Personen, Dingen oder Situationen. Sie geben Antwort auf die Frage: „Wie ist jemand/etwas?" Die meisten Adjektive sind steigerbar.
  Beispiele: *schön, schöner, am schönsten*
  Das Wetter ist *schön.*
  das *schöne* Wetter

- **Adverb** (Umstandswort)
  Adverbien geben die Umstände eines Geschehens an. Sie werden nach dem Umstand des Ortes, der Zeit, der Art und Weise und des Grundes eingeteilt. Adverbien sind nicht veränderbare Wörter.
  Beispiele: *da, dort, hier, wo* (Ort)
  damals, heute, wann (Zeit)
  fast, so, wie (Art und Weise)
  deswegen, somit, warum (Grund)

- **Apostroph** (Auslassungszeichen)
  Ein Apostroph zeigt an, dass einer oder mehrere Buchstaben in einem Wort weggelassen worden sind. Außerdem kann er die Grundform von Eigennamen verdeutlichen.
  Beispiele: *Jens' Schultasche, mir geht's gut, die Marx'sche Lehre*

- **Apposition** (Einschub, Beifügung)
  Appositionen bestimmen Nomen näher. Sie sind ihrem Bezugswort meist nachgestellt und stehen im gleichen Fall.
  Beispiel: *Leo,* der nette Nachbarsjunge, *grüßt immer freundlich.*

- **Artikel** (Geschlechtswort, Begleiter)
  Artikel sind Begleiter von Nomen. Es gibt bestimmte und unbestimmte Artikel. Sie können je nach Fall verschiedene Formen annehmen.
  Beispiele: *der, die, das* (bestimmte Artikel)
  ein, eine (unbestimmte Artikel)
  der Mann, *des* Mannes, *den* Mann, *dem* Mann (verschiedene Fälle)

- **Auslautverhärtung**
  Am Ende eines Wortes oder einer Silbe werden die weichen Konsonanten b, d und g hart ausgesprochen. Sie klingen dann wie p, t und k.
  Beispiele: *Sieb* [p] aber *sieben* [b]
  gesund [t] aber *gesünder* [d]
  Berg [k] aber *Berge* [g]

Begleiter

Begleitwörter gehen Nomen oder Nominalisierungen voraus. Typische Begleiter sind Artikel, Demonstrativpronomen, Possessivpronomen und Indefinitpronomen.

Beispiele: *der* Baum, *diese* Firma, *sein* Haus, *kein* Mensch

Begleitsatz

Der Begleitsatz gibt bei der wörtlichen Rede Auskunft darüber, wer spricht und wie er das tut.

Beispiel: „Sei endlich still!", *schimpft Herr Weber.*

Dehnungs-h

Das Dehnungs-h ist ein Signal dafür, dass der vorangehende Vokal lang gesprochen wird. Es kann nur vor den Konsonanten l, m, n oder r stehen.
Aber Vorsicht: In den meisten Wörtern, in denen der Vokal lang gesprochen wird, steht kein Dehnungs-h.

Beispiele: *Fohlen, Rahm, Bahn, Jahr*

Demonstrativpronomen (hinweisendes Fürwort)

Mit einem Demonstrativpronomen kann man auf eine Person, eine Sache oder ein Ereignis hinweisen.

Beispiele: *dieses* Kleid, *jener* Tag
Das ist aber schön!

Diphthong (Doppellaut, Zwielaut, Zweilaut)

Ein Diphthong ist ein Doppellaut aus zwei verschiedenen Vokalen.

Beispiele: *ai, au, äu, ei, eu*

Doppelkonsonant (zweifacher Mitlaut)

Bei einem Doppelkonsonanten handelt es sich um zwei gleiche Konsonanten, die in einem Wort hintereinanderstehen, aber wie ein einziger Konsonant klingen. Vor einem Doppelkonsonanten klingt der Vokal immer kurz.

Beispiele: *Brille, hoffen, schnell*

Futur (Zukunft)

Das Futur ist eine Zeitform des Verbs. Damit wird ausgedrückt, dass etwas erst in der Zukunft geschehen wird. Man bildet das Futur mit einer Form von „werden" und dem Infinitiv des Verbs.

Beispiel: Der Zug *wird* um 9.45 Uhr *ankommen.*

- **Hauptsatz**
  Ein Hauptsatz ist ein Satz, der für sich allein stehen kann. Das kann eine Aussage, eine Frage oder eine Aufforderung sein.
  Beispiele: *Ich lese ein Buch.*
  Welches Buch liest du?
  Lies das Buch!

- **Komparativ** (Höherstufe)
  Der Komparativ ist die erste Steigerungsform eines Adjektivs.
  Beispiele: mutig, *mutiger*, am mutigsten
  Amelie ist *die mutigere* Schwester.

- **Kompositum** (zusammengesetztes Wort)
  Ein Kompositum (Plural: Komposita) ist ein aus zwei oder mehreren Wörtern zusammengesetztes Wort.
  Beispiele: *Briefträger, Endhaltestelle, hochheben, zartbitter*

- **Konjunktion** (Bindewort)
  Konjunktionen verbinden Wörter, Wortgruppen oder Sätze miteinander. Es handelt sich dabei um nicht veränderbare Wörter.
  Beispiele: *aber, als, bevor, bis, da, damit, dass, denn, falls, indem, nachdem, ob, obwohl, oder, seitdem, sodass, und, während, weil, wenn*

- **Konsonant** (Mitlaut)
  Konsonanten sind b, c, d, f, g, h, j, k, l, m, n, p, q, r, s, t, v, w, x, y, z.
  Anders als Vokale können Konsonanten nicht allein gesprochen werden, es klingt immer ein Vokal mit.
  Beispiele: *b* (sprich: be), *h* (sprich: ha), *m* (sprich: em)

- **Indefinitpronomen** (unbestimmtes Fürwort)
  Indefinitpronomen dienen zur Kennzeichnung von Personen oder Sachen, die hinsichtlich ihres Geschlechts oder ihrer Zahl unbestimmt sind.
  Beispiele: *etwas, jeder, jemand, keiner, mancher, nichts, niemand*

- **Infinitiv** (Grundform des Verbs)
  Der Infinitiv bezeichnet die unveränderte Grundform eines Verbs. Er endet im Deutschen auf -en oder -n.
  Beispiele: *essen, gehen, klingeln, sein*

▸ **Infinitivsatz**

Infinitivsätze erfüllen die gleiche Funktion wie Nebensätze und bilden zusammen mit einem Hauptsatz ein Satzgefüge. Das Verb steht im Infinitivsatz in der Grundform mit dem Wörtchen „zu".

Beispiel: Sie bittet mich, *ihr zu helfen.* (Infinitivsatz)
Sie bittet mich, *dass ich ihr helfe.* (Nebensatz)

▸ **Nachsilbe**

Die Nachsilbe ist eine Endung, die an ein Grundwort angehängt wird. Für einige Wortarten sind bestimmte Nachsilben typisch.

Beispiele: Ereig*nis,* Gemein*schaft,* Möglich*keit,* Untersuch*ung* (Nomen)
bedenk*lich,* mut*los,* sonder*bar,* witz*ig* (Adjektive)

▸ **Nebensatz**

Nebensätze sind Teilsätze, die nicht allein stehen können, sondern von einem übergeordneten Hauptsatz abhängen. Das Verb steht im Nebensatz in der Regel am Satzende. Nebensätze werden meist durch eine Konjunktion oder ein Relativpronomen eingeleitet.

Beispiele: Ich komme nicht, *wenn es regnet.*
Nachdem er die Nachricht erfahren hatte, war er sehr wütend.
Jan muss die Prüfung, *die er gestern versäumt hat*, nachschreiben.

▸ **Nomen** (Hauptwort, Namenwort, Substantiv)

Nomen bezeichnen Lebewesen, Gegenstände und Begriffe. Sie geben ihnen „Namen". Nomen gibt es fast alle in der Einzahl und in der Mehrzahl.

Beispiele: *Auto, Bäume, Mann, Ergebnis, Freude, Hoffnung*

▸ **Nominalisierung** (Substantivierung)

Bei der Nominalisierung werden Wörter, die ursprünglich keine Nomen sind, zu Nomen gemacht – etwa dadurch, dass man einen Artikel oder einen anderen Begleiter vor das Wort setzt.

Beispiele: das *Schwimmen,* alles *Gute,* das gewisse *Etwas,* das *Einzige*

▸ **Partizip** (Mittelwort)

Das Partizip ist ein Mittelwort, das zwischen Verb und Adjektiv steht. Es wird aus einem Verb gebildet, aber ähnlich wie ein Adjektiv verwendet.
Man unterscheidet zwei Arten: das Partizip Präsens (Mittelwort der Gegenwart) und das Partizip Perfekt (Mittelwort der Vergangenheit).

Beispiele: *fahrend, lesend, spielend* (Partizip Präsens)
gefahren, gelesen, gespielt (Partizip Perfekt)

- **Perfekt** (vollendete Gegenwart, Vorgegenwart)
  Das Perfekt ist eine Zeitform des Verbs. Damit wird ausgedrückt, dass eine Handlung in der Vergangenheit abgeschlossen wurde, deren Ergebnis oder Folge aber noch einen Bezug zur Gegenwart haben. Man bildet das Perfekt mit einer Form von „haben“ oder „sein“ und dem Partizip Perfekt.
  Beispiele: Ich *habe* dir eine Frage *gestellt.*
  Lea *ist* spät nach Hause *gekommen.*

- **Personalpronomen** (persönliches Fürwort)
  Das Personalpronomen steht stellvertretend für ein Nomen.
  Beispiele: *ich, du, er, sie, es, wir, ihr, sie, Sie, mir, mich, dir, uns, euch, ihnen*

- **Plural** (Mehrzahl)
  Der Plural gibt an, dass es sich um mehrere Personen, Dinge u. Ä. handelt.
  Beispiele: *Äpfel, Bälle, Beobachtungen, Frauen, Ideen, Stühle, Tische*

- **Positiv** (Grundstufe)
  Der Positiv ist die ungesteigerte Stufe bei der Steigerung von Adjektiven.
  Beispiel: *mutig*, mutiger, am mutigsten

- **Possessivpronomen** (besitzanzeigendes Fürwort)
  Possessivpronomen verwendet man, um zu sagen, wem etwas gehört.
  Beispiele: *mein, dein, sein, ihr, unser, euer, meine, deines, seinen, unserem*

- **Präposition** (Verhältniswort)
  Präpositionen geben das Verhältnis zu Ort, Zeit, Art und Weise sowie Grund an. Es handelt sich dabei um nicht veränderbare Wörter.
  Beispiele: *auf, bei, in, unter* (Ort)
  an, seit, um, während (Zeit)
  gemäß, mit, ohne (Art und Weise)
  aufgrund, dank, wegen (Grund)

- **Präsens** (Gegenwart)
  Das Präsens ist eine Zeitform des Verbs. Damit kann eine Handlung ausgedrückt werden, die in der Gegenwart geschieht. Man bildet das Präsens aus dem Wortstamm des Verbs und der Personalendung.
  Beispiel: Sie *trinkt* ein Glas Milch.

- **Präteritum** (Vergangenheit, Imperfekt)
  Das Präteritum ist eine Zeitform des Verbs. Damit wird ausgedrückt, dass eine Handlung in der Vergangenheit abgeschlossen wurde. Dabei wird kein Bezug zur Gegenwart hergestellt.
  Beispiel: Er *ging* nach Hause.

▶ **Pronomen** (Fürwort, Stellvertreter)
Pronomen stehen stellvertretend für Nomen (pro nomen = für das Nomen). Werden Pronomen als Artikelwörter verwendet, können sie Nomen begleiten. Zu den Pronomen zählen u. a. Demonstrativpronomen, Indefinitpronomen, Personalpronomen, Possessivpronomen und Relativpronomen.
Beispiele: *Mein* Fahrrad ist blau (Begleiter). *Deines* ist rot (Stellvertreter).

▶ **Relativpronomen** (bezügliches Fürwort)
Das Relativpronomen leitet einen Relativsatz ein und ersetzt darin ein Nomen oder Pronomen des übergeordneten Satzes.
Beispiele: *der, die, das, dem, den, welcher, welche, welches, welchem*

▶ **Relativsatz**
Ein Relativsatz ist ein Nebensatz, mit dem man eine ergänzende Bemerkung über eine Person oder Sache macht.
Beispiel: Das Haus, *das verkauft werden soll*, gehörte seiner Großmutter.

▶ **Satzgefüge**
Ein Satzgefüge ist ein Satz, der aus mindestens einem Hauptsatz und einem oder mehreren Nebensätzen oder Infinitivsätzen gebildet wird.
Beispiel: *Als ich ankam* (Nebensatz), *war er schon da* (Hauptsatz).

▶ **Satzreihe**
Eine Satzreihe ist ein Satz, in dem zwei oder mehrere Hauptsätze miteinander verbunden werden.
Beispiel: *Ich kam an* (Hauptsatz) *(,) und er war schon da* (Hauptsatz).

▶ **Semikolon** (Strichpunkt)
Das Semikolon ist von seiner Funktion her zwischen Punkt und Komma angesiedelt. Es verbindet Hauptsätze sowie die zusammengehörigen Glieder einer Aufzählung miteinander.
Beispiele: *Doro ging zurück ins Haus; denn es war bitterkalt.*
Ich brauche: Briefmarken, Kuverts; Kaugummi, Bonbons; Tempos.

▶ **Silbe**
Silben gliedern Wörter in Sprecheinheiten. Man kann bei jeder Silbe einmal klatschen.
Beispiele: *Ba-na-ne, ste-cken, wun-der-bar*

▶ **silbentrennendes h**
Bei manchen Wörtern steht im Wortinnern ein silbentrennendes h, um die Grenze zwischen zwei Silben zu kennzeichnen.
Beispiele: *Krä-he, se-hen, ru-hig*

▶ **Singular** (Einzahl)
Der Singular gibt an, dass es sich um einzelne Exemplare eines Lebewesens, einer Sache u. Ä. handelt.
Beispiele: *Apfel, Ball, Beobachtung, Frau, Idee, Stuhl, Tisch*

▶ **Superlativ** (Höchststufe)
Der Superlativ ist die zweite Steigerungsform eines Adjektivs.
Beispiele: mutig, mutiger, *am mutigsten*

▶ **Umlaut**
Umlaute sind Vokale, über denen Punkte stehen: ä, ö, ü.

▶ **Verb** (Tätigkeitswort, Zeitwort, Tunwort)
Verben sind Wörter, die eine Tätigkeit, ein Geschehen, einen Vorgang oder einen Zustand bezeichnen. Sie haben jeweils eine Grundform (Infinitiv), die durch unterschiedliche Personalendungen in verschiedene Personen gesetzt (gebeugt) werden kann. Mit Verben können auch verschiedene Zeitformen (Gegenwart, Vergangenheit, Zukunft) ausgedrückt werden.
Beispiele: *hören, lachen, springen* (Grundform)
ich höre, du hörst, er hört, wir hören, ihr hört, sie hören (Personen)
ich hörte, ich habe gehört, ich höre, ich werde hören (Zeitformen)

▶ **Vokal** (Selbstlaut)
Vokale sind a, e, i, o, u. Sie klingen ganz allein. Um gesprochen werden zu können, brauchen sie keinen weiteren Laut. Zu den Vokalen können auch die Umlaute (ä, ö, ü) und die Doppellaute (ai, au, äu, ei, eu) gezählt werden.

▶ **Vorsilbe**
Eine Vorsilbe ist eine Silbe, die einem Grundwort vorausgeht. Damit können neue Wörter gebildet werden.
Beispiele: *Ab*teil, *Ver*rat, *be*achten, *ge*stehen, *un*schuldig

▶ **wörtliche Rede** (direkte Rede)
Die wörtliche Rede gibt Wort für Wort wieder, was jemand sagt oder denkt. Sie wird in Anführungszeichen gesetzt. Um deutlich zu machen, wer die Worte gesprochen hat, fügt man oft einen Begleitsatz hinzu.
Beispiel: Eva sagte: *„Ich esse am liebsten Schokoeis.“*

▶ **Wortstamm**
Der Wortstamm ist der „Kern“ eines Wortes. Wörter, die auf den gleichen Wortstamm zurückgehen, bilden eine Wortfamilie.
Beispiel: Der Wortstamm *fahr* steckt z. B. in den Wörtern *fahr*en, be*fahr*bar, *Fahr*zeug, ge*fähr*lich, Ge*fähr*te, Ein*fahr*t.

Bildnachweis

Umschlagbild: © Aintschie/Fotolia.com

S. 2: Sinne: © Alex Kalmbach/Dreamstime.com
S. 3: Lollo Rosso: © LianeM/Fotolia.com; Salatkopf: © Sanja Gjenero/www.sxc.hu;
Radicchio: © Christian Jung/Fotolia.com
S. 4: © robynmac/Fotolia.com
S. 5: © Luminis/Dreamstime.com
S. 6: © Eric Isselée/Fotolia.com
S. 7: © Becco Eliacik, Photographer & Designer/www.sxc.hu
S. 8: © Dmitry Remesov/Fotolia.com
S. 10: © ExQuisine/Fotolia.com
S. 15: © fotodesign-jegg.de/Fotolia.com
S. 17: © Daniele Taurino/Dreamstime.com
S. 19: © Engel/Fotolia.com
S. 23: Mädchen links: © Franz Pfluegl/Fotolia.com; Mädchen rechts: © Pavel Sazonov/Fotolia.com
S. 26: © Bernd Wiedemann
S. 29: © aquariagirl1970/Fotolia.com
S. 31: © Niko Fagerström/Dreamstime.com
S. 35: © Zanyzeus/Dreamstime.com
S. 39: Zahn: © Jocky/Fotolia.com; Schuhsohle: © terex/Fotolia.com; Mohnsemmel: © Juergen Muehlig/Fotolia.com;
Blumenkohl: © Elena Schweitzer/Fotolia.com
S. 41: Luftballons: © senoldo/Fotolia.com; Dartpfeil: © vege/Fotolia.com
S. 42: © Deutsche Post AG
S. 43: Harmonika: © Andrey Zyk/Fotolia.com; Spraydose: © beermedia/Fotolia.com; Filmrolle: © tom/Fotolia.com
S. 44: Brief: © Falko Matte/Fotolia.com; Sieben: © zentilia/Fotolia.com; Spiegel: © Billyfoto/Dreamstime.com;
Friedenstaube: © Gines Valera Marin/Dreamstime.com
S. 46: © camerawithlegs/Fotolia.com
S. 52: © Oleg Shelomentsev/Dreamstime.com
S. 53: Biene: © Creative images/Fotolia.com; Schlange: © Pachangas/Fotolia.com
S. 56: Messer: © M S /Fotolia.com; Esel: © Eric Isseleé/Dreamstime.com; Vase: © cosma/Fotolia.com;
Käse: © Andre/Fotolia.com
S. 60: © Bertold Werkmann/Fotolia.com
S. 63: © Andrey Bandurenko/Fotolia.com
S. 66: © drizzd/Fotolia.com
S. 68: © Scanrail/Fotolia.com
S. 74: © Steve Young/Fotolia.com
S. 79: Goldfisch: © Perrush/Fotolia.com; Karpfen: © Witold Krasowski/Fotolia.com
S. 82: © dvs71/Fotolia.com
S. 87: Hubschrauber: © snpolus/Fotolia.com; Flamme: © kotoyamagami/Fotolia.com;
Feuerwehrmann: © Photocase.de; Rettungswagen: © Sefrie/Fotolia.com; Landeplatz: © visualtektur/Fotolia.com;
Notrufsäule: © Leonardo Franko/Fotolia.com
S. 90: © Isleif Heidrikson/Fotolia.com
S. 91: © drizzd/Fotolia.com
S. 99: © ohiophoto/iStockphoto
S. 100: © Sergey Yarochkin/Fotolia.com
S. 101: Auto: © adamgolabek/Fotolia.com; Wohnwagenanhänger: © tps/Fotolia.com
S. 105: © A. Dudy/Fotolia.com
S. 106: © Dirk Schumann/Fotolia.com
S. 110: © Spe/Dreamstime.com
S. 116: © Light Impression/Fotolia.com
S. 120: © Aptyp_koK/Fotolia.com
S. 121: © VRD/Fotolia.com
S. 123: © www.sxc.hu
S. 126: © Neanderthal Museum
S. 127: © Ewa Walicka/Dreamstime.com
S. 128: © Erzetic/Dreamstime.com

S. 130: © Eriklam/Dreamstime.com
S. 132: © Claudia Paulussen/Fotolia.com
S. 134: © kaparulin/Fotolia.com
S. 136: © Jostein Hauge/Dreamstime.com
S. 138: © Sergey Peterman/Fotolia.com
S. 140: © Lantapix/Dreamstime.com
S. 142: © Julia Remezova/Fotolia.com
S. 143: © herreneck/Fotolia.com
S. 145: © mg196/Fotolia.com
S. 181: Goldfisch: © Perrush/Fotolia.com; Karpfen: © Witold Krasowski/Fotolia.com
S. 211: © HandmadePictures/Fotolia.com

Sonstige Bilder: Redaktion

Ihre Meinung ist uns wichtig!

Ihre Anregungen sind uns immer willkommen. Bitte informieren Sie uns mit diesem Schein über Ihre Verbesserungsvorschläge!

Titel-Nr.	Seite	Vorschlag

Bitte hier abtrennen

Zutreffendes bitte ankreuzen!

Die Absenderin/der Absender ist:

- ☐ Lehrer/in in den Klassenstufen: ______
- ☐ Fachbetreuer/in
  Fächer: ______
- ☐ Seminarlehrer/in
  Fächer: ______
- ☐ Regierungsfachberater/in
  Fächer: ______
- ☐ Oberstufenbetreuer/in
- ☐ Schulleiter/in
- ☐ Referendar/in, Termin 2. Staatsexamen: ______
- ☐ Leiter/in Lehrerbibliothek
- ☐ Leiter/in Schülerbibliothek
- ☐ Sekretariat
- ☐ Eltern
- ☐ Schüler/in, Klasse: ______
- ☐ Sonstiges: ______

Unterrichtsfächer: (Bei Lehrkräften!)

______

STARK Verlag
Postfach 1852
85318 Freising

22-V1M
Bitte ausfüllen und im frankierten Umschlag an uns einsenden. Für Fensterkuverts geeignet.

Kennen Sie Ihre Kundennummer?
Bitte hier eintragen.

Absender (Bitte in Druckbuchstaben!)

Name/Vorname

Straße/Nr.

PLZ/Ort/Ortsteil

Telefon privat

Geburtsjahr

E-Mail

Schule/Schulstempel (Bitte immer angeben!)

Bitte hier abtrennen

(Bitte blättern Sie um)